나는 이 질문이 불편하다

나태함을
깨우는

철학의
날 선 물음들

나는 이 질문이 불편하다

안광복 지음

어크로스

나는 왜 '불편한 책'을 썼는가

당나라 현종은 재상 한휴(韓休)를 무척 불편해했다. 사사건건 황제의 뜻에 맞섰던 탓이다. 이를 안타깝게 여긴 어느 궁정 관료가 현종에게 조언했다. "그 작자 때문에 폐하의 옥체가 날로 야위어가십니다. 한휴를 그만 내치십시오!" 현종은 담담하게 대꾸했다. "내 몸은 말라가고 있지만 백성들의 삶은 풍요로워지고 있소. 고분고분 내 뜻에 따르기만 한다면 재상이 왜 필요하겠소. 짐과 한휴가 다투기에 천하가 평온한 것이오."

가톨릭교회에서 성인(聖人)을 추대할 때는 '악마의 변호인(Devil's Advocate)'을 세운다. 그는 성인 후보의 반대편에서 철저하게 흠집을 잡고 허점을 찾아내는 역할을 한다. 때로는 '반대를 위한 반대'도 서슴지 않는다. 법률가들 또한 논리를 세우는 과정에서 스스로 자기주장을 반박하는 '악마의 변호인'이 되어보곤 한다. 상대편 입장이 되어 내가 맞닥뜨리고 싶지 않은 사실, 귀에 거슬리는 논리를 펼치다 보면 내 논증의 빈 곳들이 속속 드러나는 까닭이다.

"어제와 똑같이 살면서 다른 미래를 꿈꾸는 것은 정신병 초기 증세다."

알베르트 아인슈타인의 명언으로 알려진 말이다. 익숙함을 깨는 변화는 힘들고 버겁다. 내 생각과 다른 의견은 마음을 불편하게 한다. 하지만 불편함이야말로 '새로움과 발전의 어머니' 아니던가. 편안하고 친근한 목소리와 충고들은 지지부진한 현실을 깨뜨리지 못한다. 낯선 목소리, 그것도 나의 '상식'에 강하게 맞서는 주장을 만났을 때 두뇌는 비로소 나태함에서 깨어난다.

운동선수는 매일같이 근력 운동을 한다. 피아니스트도 손을 푸는 스케일 훈련을 거르지 않는다. 철학자도 다르지 않다. 철학자란 '불편한 생각을 안기는 것'을 업(業)으로 삼은 사람들이다. 철학자들은 당연해 보이는 것에 대해 끊임없이 의문을 던진다. "왜 우리는 도덕적으로 살아야 하나?"(윤리학), "내가 보는 것이 진실이라 할 수 있을까?"(인식론) 등등. 도대체 왜 이런 '짓'을 한단 말인가?

사실 이런 질문은 생각의 근육을 키우는 정신훈련(mental gymnastic)에 좋은 연습문제들이다. 산업화를 넘어 포스트산업화로 넘어가는 시대, 상상력과 창의성이 중요하다는 외침은 끊이지 않는다. 그런데 우리는 과연 상상력과 창의성을 펼칠 만한 일상을 살고 있을까?

인터넷 검색 엔진의 알고리즘은 나의 관심사, 나의 기질에 맞는 콘텐츠만 알아서 추려내 보여준다. 언제나 다양한 상품들이 널려 있는 자본주의 시장에서 내 취향에 맞는 물건과 먹거리를 찾기란 어렵지 않다. 이제 극기와 인내는 미덕이기보다는 '적폐'라는 뉘앙스에 더 가깝게 다가온다. 이런 상황에서 창의적인 발상, 남다른 도전이 과연 가능할까? 거북한 질문들을 끊임없이 던지는 철학이 여전히 '시민의 필수 소양'으로 여겨지는 까닭은 여기에 있다. 낯설고 도발적인 물음에 맞부딪쳐야 평소에 쓰지 않던 정신의 잔 근육들이 꿈틀거리며 굵어지지 않겠는가.

《나는 이 질문이 불편하다》에는 제목 그대로 마음을 불편하게 하는 물음들이 담겨 있다. 철학자로서 나는 아침 운동을 하듯 매일매일 불편한 질문을 찾아 곱씹어보곤 한다. '본능에 따른 행동도 처벌해야 하는가?'와 같은 프랑스 바칼로레아 문항을 놓고 씨름할 때도 있고, 조선시대 과거 시험 문제인 책문(策問)을 놓고 답안을 작성해보기도 한다. 아예 불편한 물음을 스스로 만들어 몇 날 며칠을 '내 양심의 법정'에 모셔두고 '사유실험'을 거듭할 때도 있다.

이 책에는 그 가운데 22가지 질문을 추려내 담았다. 질문마다 이어지는 글들은 내가 작성한 '예시답안'이라 보면 좋겠다. 원고들은 초창기 한국어판 〈르몽드 디플로마티크〉에서 〈독서평설〉에 이르기까지 꽤 오랜 기간 동안 여러 지면에 다양한 형태로 실린 것이다. 여기에는 그럴 수밖에 없었던 사연이 있다. 강제 없이 혼자 아침 운동을 이어가기란 쉽지 않다. 중력처럼 게으름이 삶을 끌어내리는 탓이다. 사색하기와 글쓰기도 마찬가지다. 나태함을 밀어내는 데는 '마감의 압박'만 한 것이 없다. 그래서 나는 끊임없이 연재 지면을 잡았고 근력 운동하듯 사유 훈련을 거듭했다. '나태함을 깨우는 철학의 날 선 물음들'이라는 부제는 이 책의 성격을 잘 보여준다.

철학적 물음에 정답이란 없다. 어휘가 정확하고 논리에 흠잡을 데가 없다면 각자의 답안은 모두 '모범답안'이다. 거듭 말하지만, 나의 글은 날 선 물음들에 대한 예시답안일 뿐이다. 이 책을 읽은 독자들의 사유 훈련 가운데 더 아름답고 훌륭한 '작품'이 탄생하리라 믿는다.

내가 쓴 예시답안을 보고도 생각을 풀어내기가 막막하다면, 《철학자의 설득법》을 같이 읽어보라고 권하고 싶다. 태권도 기본동작인 품새를 배우듯 사유와 설득의 기초들을 익히며 연습할 수 있을 것이다.

나는 다작(多作)하기는 해도 결코 글을 빨리 쓰는 필자는 아니다. 여기에 실린 원고들 역시 책의 꼴을 갖추는 데까지 오랜 세월이 필요했다. 그만큼 우여곡절도, 감사해야 할 분도 많다. 어크로스의 박민지 편집자는 아메바처럼 갈피를 잡기 어려웠던 원고들의 모양새를 잡느라 정말 고생했다. 《철학, 역사를 만나다》 이후 줄곧 내 책을 전담해서 맡아준 최윤경 편집자가 없었다면 나는 이 책을 출간할 엄두를 내지 못했을 것이다. 책의 제목과 질문들은 모두 그의 손을 거치며 아름답고 맛깔스럽게 거듭났다. 언제나 진실한 충고와 든든한 믿음을 주는 김형보 대표에 대한 고마움은 이루 말할 수 없다.

지음(知音)이라 소개해도 어색하지 않은 〈독서평설〉의 윤소현 편집장과 남궁경원 팀장 역시 이번에도 큰 도움을 주었다. 이분들은 언제나 내 원고의 '최초 독자'이자 가장 정확한 조언자가 되곤 한다. 이 자리를 빌려 다시 한번 감사드린다.

이 책은 팔순에 접어드신 부모님, 스무 살 청년으로 자라난

내 아들 종석에게 전하는 선물이다. 나는 인생의 대부분을 도서관과 교실에서 보냈다. 하지만 내 마음을 채웠던 것은 늘 가족에 대한 사랑과 부모님을 향한 걱정이었다. 지천명(知天命)에 이르자, 인생에서 진정 소중한 것들이 비로소 뚜렷하게 다가온다.

2018년 12월

안광복

차례

1
부

우리는 자신을
얼마나 알고 있는가:

인간을
이해하는
물음

나는
도대체 왜
살고 있나?

---◆---

그대가 평생에 걸쳐 반드시 이루고픈 욕망은 무엇인가?
그대의 '위대함'은 어디에 있는가?

· · ·

중요한 물음은 쓸데없지 않다

내가 왜 살고 있죠?

학교는 꼭 다녀야 하나요?

이렇게 직장에 나가는 것이 무슨 의미가 있어요?

이런 질문을 들을 때면 마음이 편치 않다. 행복하고 문제가 없는 사람은 이런 것을 궁금해하지 않기 때문이다. 내가 왜 살아야 하고, 왜 학교에 다녀야 하고 직장에 나가야 하는지와 같은 물음은 삶이 꼬이고 뜻대로 되지 않는 시기에 튀어나오곤한다. 이런 질문을 받을 때 사람들은 어떻게 답할까?

내일모레가 시험인데 왜 사는지 따위를 뭐하러 생각하는 거야?

시험 준비나 잘해.

학교를 왜 다니냐고? 그건 대학 간 다음에 생각해. 일단 입시 공부부터 열심히 해야지!

직장을 왜 나가냐고? 그걸 왜 물어? 다음 달 카드 값, 공과금 막을 자신 있나 봐?

이런 식으로 대부분은 '긴급한 이유'들을 들이대며 물음을 덮어버릴 뿐이다. 하지만 내가 왜 살고 있는지, 학교에 다니는 이유는 무엇인지, 일터가 나에게 무슨 의미인지는 삶의 핵심을 이루는 물음들이다. 이렇듯 근원적인 질문을 삶이 틀어지고 병들었을 때야 마주하게 된다면, 이미 인생을 바로 세우기는 많이 어려워진 상태일 터다.

건강은 건강할 때 지켜야 한다. 마찬가지로 나의 일상이 튼실하고 견고할 때 인생의 의미를 묻고, 일과 생활의 목표와 가치를 점검하는 노력을 꾸준히 해야 한다. 뿌리 깊은 나무는 흔들리지 않는다. 왜 사는지, 자기 인생이 어디를 향해 가고 있는지를 평소에도 깊이 묻고 탐구하는 사람은 어떤 위기가 닥쳐도 좀처럼 휘둘리지 않는다.

인생을 꾸려가는 두 개의 힘

춥고 배고픈 서러움은 세상 그 무엇보다 두렵고 무섭다. 하지만 어느 정도 먹고살 만해지면 재산은 '해석의 문제'로 바뀌어버린다. 경제학자 리처드 이스털린(Richard Easterlin)은, 부(富)가 일정 수준을 넘어서면 가진 것이 많아져도 더 이상 행복도가 증가하지 않는다고 말했다. 학자들의 연구에 따르면, 지금의 대한민국에서는 연평균 소득 1억 8000만 원이 넘었을 때부터 그렇다고 한다. 사회복지가 더 잘 갖추어진 사회에서는 연봉 6000만 원 정도가 되면 돈이 더 이상 행복감을 늘려주지 못한다는 연구 결과도 있다.

심리학자 매슬로(Abraham H. Maslow)에 따르면 인생을 꾸려가는 힘은 결핍 욕구와 존재 욕구 두 가지다. 결핍 욕구에 이끌리는 삶은 식욕과 수면욕, 안전함과 소속감 등을 채우기 위해 허겁지겁 달려간다.

삶이 일정 궤도에 오르고 나면 비로소 존재 욕구가 피어난다. 철학자 아리스토텔레스(Aristoteles)는 자유인의 조건으로 '여가(leisure, scholē)'를 꼽았다. 삶의 여유가 돌고 시간이 생기면, 취미 생활도 하고 삶을 고상하게 가꿀 인문학이나 예체능 활동 등에도 관심을 갖게 된다는 의미다.

하지만 존재 욕구는 절로 피어나지 않는다. 욕망도 훈련해야 좋아지는 법, 훌륭한 욕망을 보고 배우고 키우지 않은 사람은 평생 결핍 욕구에서 벗어나지 못한다. 이게 무슨 말일까?

스스로 밑바닥 인생을 만드는 사람들

배고픔과 졸음은 먹고 자면 해결할 수 있다. 그러나 '더' 맛있는 것을 먹고 싶고 '더' 편안한 잠자리에서 자고픈 마음은 풀어줄 길이 없다. 내가 무엇을 먹건 세상에는 더 맛있고 질 좋은 음식이 있기 마련이다. 잠자리는 말할 것도 없다. 내가 사는 곳보다 더 좋은 집이, 내가 묵는 곳보다 더 좋은 숙소가 얼마나 많던가.

남과의 비교는 인생을 지옥으로 바꾸는 독약이다. 충분히 먹고살 만하면서도 결핍 욕구에서 헤어나지 못하는 이들 또한 '비교'에 발목 잡혀 있다. 그들의 삶이 신산스러운 것은 헐벗고 굶주렸기 때문이 아니다. 더 멋진 차, 더 좋은 집, 더 고급스러운 옷을 입지 못하기에 일상은 늘 억울함으로 가득하다.

이들이야말로 《성경》에서 말하는 '마음이 가난한 자들' 아니던가? 그들은 아무리 열심히 달려도 만족에 다다르지 못한다. 끊임없이 남과 비교하며 자신의 처지를 바닥으로 끌어내리는 탓이다. 이들이야말로 정말 아래 세 가지 물음을 가슴에 담고 끊임없이 곱씹어보아야 한다.

내 삶의 의미는 무엇일까?
무엇을 위해 좋은 학벌을 갖추어야 할까?
내가 직장에 다니며 열심히 사는 이유는 무엇일까?

왕은 거지가 되고 싶었다

남들과의 비교, 이로부터 생기는 '열등감 지옥'에서 탈출하고 싶다면 자신에게 되물어보라. 나에게 정말 없어서는 안 되는, 꼭 필요한 것은 얼마나 될까? 철학자 윌리엄 제임스는 다음과 같은 유명한 행복 공식을 들려준다.

행복 = 이룬 것 - 바란 것

많은 것을 갖고 성과를 많이 내면 행복해진다. 빈면 욕심을 줄이고 마음을 내려놓는 것 또한 행복에 이르는 길이다. 어느 쪽이 행복에 이르는 더 쉬운 길일까? 알렉산드로스 대왕과 '거지 철학자' 디오게네스와의 만남 장면은 너무나도 유명하다. 알렉산드로스 대왕은 디오게네스에게 정중하게 물었다. "그대에게 무엇을 해주면 좋겠는가?"

디오게네스는 한마디 대꾸만 했을 뿐이다. "자네가 햇볕을 가리고 있으니, 옆으로 좀 비켜서주게." 이 말을 들은 알렉산드로스는 신하들과 돌아서며 말했다. "내가 알렉산드로스가 아니었다면 디오게네스가 되었을 것이다."

왜 그는 이런 말을 남겼을까? 디오게네스는 물과 햇볕만 있어도 행복한 사람이었다. 반면 알렉산드로스는 그리스와 페르시아, 이집트 전역을 아우르는 대제국을 건설하고도 만족하지 못해서 인도까지 정복하려던 젊은이였다. 과연 그가 인도를 손에 넣고 나면 만족에 이르렀을까? 그럴 것 같지 않다. 아리스토텔레스의 제자로 철학에도 소양이 깊었을 알렉산드로스는 끝없는 욕망 추구보다 '마음 내려놓기'가 진정한 행복에 이르는 길임을 너무도 잘 알고 있었을 것이다.

그럼에도 알렉산드로스는 야망에서 벗어날 수 없었다. 더 많이 갖고 싶고 더 높이 오르고픈 욕망은 중독과도 같다. 그만큼 벗어나기 어렵다는 의미다. 이런 그에게도 앞서의 세 물음은 무척 중요할 터다.

내 삶의 의미는 무엇일까?

공부는 꼭 해야 할까?

내가 돈과 명예에 집착하며 열심히 달리는 이유는 무엇이어야

할까?

좋은 인생을 만드는 설계도

거듭 말하지만 훌륭한 욕망도 연습하고 노력해야 생긴다. 그대의 욕망이 더 좋은 음식, 더 좋은 옷, 더 좋은 집 등에 집착하는 '결핍 욕구' 수준에 머무른다면, 미래는 암담하다. 무엇을 이루건 그 이상을 갖고 있는 이들을 보며 좌절할 것이기 때문이다.

그대가 정말 행복하고 싶다면 '존재 욕구'를 키워나가야 한다. 그대가 평생에 걸쳐 반드시 이루고픈 욕망은 무엇인가? 그대의 '위대함'은 어디에 있는가? 설계도 없이 커다란 건물이 지어지는 경우는 없다. 이 물음들에 자신 있게 대답할 수 있다면, 자신의 인생을 올곧고 튼실하게 가꿀 설계도를 손에 넣은 셈이다.

경쟁은 싫지만
승자는 되고
싶다면?

소소한 경쟁의 결과나 주변의 시선에
안절부절못하는 이들의 삶은 늘 가시방석이다.

...

팔꿈치 사회

'팔꿈치 사회(Ellenbogengesellschaft)'는 1982년 독일에서 '올해의 낱말'로 꼽혔다. 옆 사람을 팔꿈치로 밀치며 앞서가야만 살아남는다는 뜻이다. 우리 사회의 모습도 이와 다르지 않다. 경쟁은 힘들고 괴롭다. 재능이 특출한 운동선수라고 예외는 아니다. 1992년 바르셀로나 올림픽 마라톤에서 금메달을 딴 황영조 선수조차 "뛰기가 너무 힘들어 에스코트하는 차 밑으로 들어가고 싶었다."라고 고백했을 정도다.

자본주의에서 경쟁은 피할 수 없다. 그러나 사람들은 1등을 해도 만족하지 않는다. 치열한 경합은 끝날 기미가 안 보인다. 이 때문에 누구라도 나락으로 떨어질 수 있다. 게다가 일정 수준이 넘으면 지위가 올라가도, 벌이가 나아져도 더 행복해지지 않는다. 앞서 말한 '이스털린의 역설(Easterlin paradox)'이다. 높은 위치에 있는 사람은 못사는 이와 자신의 처지를 견주지 않는다. 사람들은 자신과 수준이 비슷한 사람과 비교한다. 그래서 선진국 국민이 소득이 낮은 나라의 사람들보다 불행한 경우가 많다.

　남과의 비교는 마음을 지옥으로 만들곤 한다. 경쟁은 자기보다 뛰어난 이들과 자신을 끊임없이 비교하도록 이끈다. 순위를 놓고 벌이는 치열한 다툼 속에서 삶이 만족스럽고 편안하기란 어렵다. 우리의 일상은 쉴 없는 비교와 경쟁의 연속이다. 그러면 행복한 경쟁은 불가능할까?

목표, 가능성, 보상

경쟁이 꼭 괴로운 것만은 아니다. 경쟁이 힘들기만 하다면 승부를 놓고 겨루는 스포츠나 게임에 빠져드는 사람이 이토록 많을 리 없다. 밋밋한 놀이도 경쟁을 붙이면 금방 흥미진진해지지 않던가. 윷놀이하면서 내기를 걸 때와 그렇지 않을 때를 견주어보라. 우리에게는 승부를 즐기는 심리가 있다. 그렇다면 경쟁을 행복하게 만드는 방법도 간단하지 않을까? 손에 땀을 쥐게 하는 게임을 하듯 경합 자체에 빠져들면 될 것이다.

심리학자 미하이 칙센트미하이(Mihaly Csikszentmihalyi)는 몰입(flow)의 조건으로 세 가지를 내세운다. 분명한 목표, 성취 가능성, 신속한 보상이 그것이다. 무엇을 위해 노력해야 하는지가 분명할수록 집중도는 높아진다. 예컨대 축구 시합의 목표는 '상대 골문에 공을 넣는 것'이다. 무엇을 해야 할지 분명하기에 마음 흐트러질 일이 없다. 게다가 실력이 상대와 겨뤄볼 만하고 이길 가능성이 높을 때, 경기는 짜릿하게 다가온다. 이긴 뒤 바로 주어지는 인정과 칭찬, 보상 또한 뿌듯한 기쁨을 안긴다. 이렇듯 목표가 뚜렷하고 성취 가능성이 크며, 보상이 즉각적으로 이루어질 때 경쟁은 즐거워진다.

경쟁이 몸서리치게 싫을 때는 언제일까? 목표가 뚜렷하지 않고 이길 가능성도 낮을뿐더러 보상 역시 변변찮거나 한참 늦게 주어지는 경우다. 공부에 흥미를 잃은 학생을 예로 들어보자. 이들에게는 뚜렷한 목표가 없다. 이미 뒤처졌기에 우등생이 될 가능성도 거의 없다. 게다가 보상마저도 마뜩잖다. 10여 년 뒤의 출세보다 당장 누리는 온라인 게임의 즐거움이 더 크게 다가온다는 의미다.

경제가 매우 어렵고 청년실업 문제도 심각한 요즘은 그저 열심히 한다고 해서 성공할 가능성이 커지지도 않는 듯싶다. 1등만 살아남는 시대, 최고가 되기 힘든 사람들에게 경쟁은 명확한 목표도, 성취 가능성도, 보상도 주어지지 않는 게임이다. 이쯤 되면 왜 경쟁이 행복하지 않은지가 뚜렷해진다.

이기지 않아도 재미있다

하지만 꼭 이기는 경쟁만이 재미있을까? 조금만 생각을 바꾸면 경쟁은 그 자체로 충분한 즐길 거리가 된다. 사회학자 로제 카이와(Roger Caillois)는 놀이를 아곤(agon), 미미크리(mimicry), 알레아(alea), 일링크스(ilinx)로 나눈다. 함께 축구 경기에 참여한 사람도 즐거움을 느끼는 지점은 저마다 다르다. 상대편을 이기는 데서 쾌감을 느낀다면 그 사람은 '아곤' 유형이다. 이들이 게임에 집중하는 이유는 이기는 데 있다.

반면에 팀을 짜서 역할을 나누고 함께 움직인다는 사실 자체를 재밌게 느끼는 사람도 있다. 그들이 '미미크리' 유형이다. 어떤 이는 상대 팀과 우리 팀 중에 누가 이길지 내기를 걸며 짜릿함을 느낀다. 우연과 운이 주는 변화에 호기심을 갖는 모양새다. 이들이 '알레아' 유형이다. 마지막으로 축구 경기를 하며 땀을 흘리는 상쾌함, 활기찬 경기장 풍경 자체를 만끽하는 자도 있다. 감각에 충실한 이 사람들은 '일링크스' 유형이다.

치열한 승부는 모든 경쟁을 아곤 유형으로 몰아간다. 과정이 아닌 최종 결과에만 신경 쓰게 만든다는 의미다. 그러나 승패를 결정짓는 과정에서 벌어지는 활동 하나하나가 즐거움일 수 있다. 미미크리, 알레아, 일링크스 유형이 그러하듯이, 이기지 못할 경쟁에서도 행복할 수 있는 방법은 많다.

최후에 승리를 거머쥐려면

그런데 왜 우리는 경쟁을 힘들고 괴롭게 여길까? 법률가이자 뛰어난 포커 선수인 데이비드 어포스톨리코(David Apostolico)는 그 이유를 '좁은 시야'에서 찾는다. 그는 경쟁을 세 가지 부류로 나눈다. 첫 번째는 '호전형(the belligerent)'이다. 이들은 대개 욱하는 성격을 가졌다. 그래서 앞뒤 가리지 않고 눈앞의 상대를 어떻게든 이기려 든다. '경쟁형(the emulator)'은 주변과의 비교를 통해 자신을 확인받고 싶어 하는 부류다. 이들은 전체 판세를 살피기보다 집단에서 자신이 몇 등을 하는지에 신경을 쓴다.

마지막으로 '전략형(the striver)'은 목표에 집중하는 유형이다. 이들은 당장 경쟁에서 이기고 지는 일에 개의치 않으며, 필요하다면 일부러 상대에게 져주기도 한다. 전략형 인간은 모든 경쟁에서 이길 수는 없다는 사실을 잘 안다. 그래서 최종 승리를 바라보고, 모든 과정을 조정하고 다듬으며 앞으로 나아간다.

세 가지 부류 가운데 가장 바람직한 경쟁자는 누구일까? 어포스톨리코는 전략형 인간만이 최종 승리를 거머쥔다고 말한다. 인간의 본능은 호전형에 가깝다. 자존심을 상하면 즉각 맞서고 싶은 마음이 치솟는다. 하지만 이런 식의 대응은 자신이 성숙하지 못했음을 드러내는 꼴밖에 되지 않는다. 또한 인간은 사회를 이루며 살아가는 동물이다. 따라서 주변 평가에 신경 쓰지 않기란 쉽지 않다. 소소한 경쟁의 결과나 주변의 시선에 안절부절못하는 이들의 삶은 늘 가시방석이다. 경쟁형 인간이 바람직하지 않은 이유다.

경쟁이 행복해지려면 우리는 전략형 인간이 되어야 한다. 이는 우리가 타고난 성향에 맞서는 일이기도 하다. 꿈틀거리는 걱정과 짓눌린 자존심을 이겨내고, 미래를 바라보며 냉정해져야 한다는 의미다.

크고 너른 눈으로 삶을 바라볼 때

철학자 프리드리히 니체(Friedrich Nietzsche)는 우리의 삶이 '영겁 회귀(永劫回歸)'한다는 희한한 주장을 했다. 즉 지금의 나는 이전의 내가 무한히 살아온 인생을 또다시 거듭하고 있다는 뜻이다. 니체는 왜 이런 말을 했을까?

힘들고 어려운 순간, 피하고 싶은 일이 있을 때를 떠올려보라. 주저하고 멈춰 선 것을 나중에 후회한다면 나는 어떻게 해야 할까? 니체는 지금 행동에 따른 후회와 좌절이 다음 생애에도 거듭된다면 어찌할지 따져보라고 충고한다. 지금 나는 어떤 결정을 내려야 할까? 무한히 계속될 후회를 끊기 위해서 '지금 이 순간' 최선의 선택을 하려고 노력하지 않을까? 니체의 설명은 큰 틀에서 바라보는 전략형 인간이 되라는 가르침과 다르지 않다.

모든 승부에서 이길 수는 없다. 그러나 이기지 못하는 경쟁이라도 배우고 얻을 것은 있게 마련이다. 결정적인 패배는 나의 한계와 문제점이 무엇인지를 분명히 드러내는 이점이 있다. 전략형 인간은 인생의 모든 순간을 마지막 목표를 향해 가는 드라마의 한 장면으로 여긴다. 승부가 아닌 성장의 관점에서 지금의 성공과 실패를 가늠한다는 뜻이다. 니체의 책《차라투스트라는 이렇게 말했다》에서 주인공 차라투스트라는 이렇게 외친다.

"이것이 삶인가? 그렇다면 한 번 더!"

미련을 남기지 않고 최선을 다해 배우고 성장하겠다는 자세로 승부에 뛰어들 때, 경쟁의 의미는 달라진다. 전략형 인간은 남보다 앞서는 것이 아니라, 자신의 부족함을 깨닫고 극복해가는 과정 자체를 승리로 여긴다. 그 때문에 실패를 두려워하지 않고 끊임없이 도전한다. 또 남들의 성공에도 즐겁게 박수칠 수 있다. 지금의 경쟁이 두렵고 힘들다면, 크고 너른 눈으로 삶을 바라볼 일이다.

혼자의 시대,
굳이 친구가
필요할까?

"결국 사랑이란 나를 찾아가는 여행이다.
너를 통하여 나를 알아가는 과정."

_남미영, 《사랑의 역사》

...

혼자가 편하다

'혼밥', '혼술' 하는 사람들이 늘고 있다. '나홀로 문화'는 이제 대세가 된 듯싶다. 1인 가구 수는 점점 늘어나고, 결혼을 필수가 아닌 선택으로 여기는 이도 적지 않다. 이런 현상은 우려를 낳기도 한다. 튼실한 인간관계와 사교 능력은 삶을 꾸려가는 데 무척 중요하다. 아리스토텔레스가 인간을 '사회적 동물'이라 칭했듯이, 인간은 혼자서 살아가기 어려운 존재다. 먹거리와 입을 거리를 만들고 터전을 닦아 집을 짓는 등, 삶의 모든 과정에서 인간은 다른 사람의 도움을 필요로 한다. 학교생활 또한 친구들과 호흡을 맞추고 힘을 모으는 과정이 필요하다. 그렇다면 사람들과 섞이는 일을 피하고 혼자 지내려 하는 '나홀로족'의 모습은 바람직할까?

과학기술의 발전, 문명의 변화는 이미 나홀로 문화를 향해

가고 있다. 각종 소셜 네트워크는 함께 모여 일해야 하는 상황을 줄여나간다. 요즘은 하루 종일 함께 일하는 사람들끼리도 문자나 이메일로만 연락을 주고받을 뿐, 얼굴 한번 보지 않는 경우가 흔하다. 전자 기기 또한 '가전(家電)'에서 '개전(個電)'으로 옮겨가는 추세다. 텔레비전처럼 가족이 함께 보는 제품보다 스마트폰처럼 혼자 사용하는 기기가 요긴해졌다는 뜻이다.

현대사회는 합리성과 공정성을 강조한다. 친척이나 친구, 동창이라는 등의 이유로 누군가를 특별히 대우하는 모습이 이제는 좋아 보이지 않는다. 사회는 우리가 합리적 원칙에 따라 모든 사람을 공평하게 대하기를 요구한다. 그렇다면 사람들이 나를 어떻게 볼지, 좋은 관계를 맺으려면 무엇을 해야 할지를 신경 쓰기보다 나 혼자 지내며 실속을 차리는 편이 낫지 않을까? 홀로 지내며 오롯이 나 자신의 '실력'을 쌓기 위해 노력하는 편이 낫다는 뜻이다.

씀씀이 면에서도 혼자 지내는 것이 더 경제적이다. 1인 가구를 위한 생활용품과 여가 상품은 점점 많아진다. 나홀로족으로 살아서 불편을 겪는 경우가 점점 줄어드는 것이다. 상황이 이런데도, 우리는 좋은 인간관계를 꾸리기 위해 노력해야 할까? 이제 사회는 혼자 살아도 불편할 것 없게 바뀌고 있다. 그래도 여전히 인간에게는 친구가 필요할까?

무리를 이루는 인간의 본성

고릴라는 인간보다 힘이 훨씬 세다. 그런데 세상을 지배한 쪽은 인간이다. 왜 그럴까? 고릴라는 절대 '군단'을 이루지 못한다. 성질이 사나워서 수컷 세 마리만 모여도 서로 싸우는 탓이다. 반면에 인간은 수백 명, 수천 명이 모여도 별 탈 없이 지낼 수 있다. 동물학자 클라이브 브롬홀(Clive Bromhall)에 따르면, 인간은 '영원한 어린아이'와 같다. 사람은 어른이 되어도 침팬지나 고릴라 새끼의 모습과 별로 다르지 않다. 머리가 크고 피부에 털이 거의 없을뿐더러, 겁도 많고 외로움을 잘 탄다. 하지만 브롬홀은 바로 이 어린아이 같은 특징 때문에 인간이 무리를 지어 협력할 수 있었다고 말한다.

어린 침팬지 같은 인간은 결코 혼자 살 수 없다. 그러므로 자기를 굽히고 무리에 속하려 노력한다. 주변에서 나쁜 평가를 받아 무리 바깥으로 밀려난다면 금세 위험에 처하기 때문이다. 그래서 상대의 기분을 맞추며 남들에게 좋은 인상을 주려고 끊임없이 애쓴다. 이렇듯 인간은 약하고 여리기에 크고 강한 무리를 지을 수 있었다.

그렇게 본다면 인간에게는 친구가 필요하다. '영원한 어린아이'인 사람은 본성상 무리 속에 있어야만 살아남는 까닭이다.

누구도 혼자서는 살아갈 수 없다. 먹고살기 위해서건, 외로움을 덜기 위해서건 인간에게는 따뜻함을 나눌 사람이 필요하다.

'좋아요'만 보는 좋은 사이

하지만 인간은 태어난 모습대로 살지 않는다. 과학기술의 발전은 인간관계 또한 '진화'시키고 있다. 인터넷 세상에서는 누구와 직접 만나지 않고도 관계를 꾸릴 수 있다. 가장 대표적인 것이 SNS다. 사실 누군가를 만나는 일은 번거롭다. 시간과 장소를 맞춰야 하고, 신경 거슬리는 부분이 있어도 참아야 한다. 그러나 SNS에서는 이 모두에 마음 쓸 필요가 없다. 기분 내킬 때 인터넷으로 다른 이의 소식을 듣고 나의 속내도 털어놓으면 된다. 댓글로 안부와 의견을 전하고 이모티콘으로 내 마음을 나타낸다.

사람 사이의 번거로움은 피하고 편리함만 취할 수 있다는 점에서 볼 때, SNS상의 관계는 우정보다 진화한 인간관계가 아닐까? 이렇게 본다면 굳이 우리가 친구를 사귀기 위해 애쓸 필요는 없을 듯하다. '친구 추가' 버튼 하나면 쉽사리 관계를 틀 수 있는데, 뭐하러 시간과 노력을 들여 관계를 가꿔야 한단 말인가?

그렇지만 이런 주장을 펼치는 이들이 놓친 부분이 있다. 인스턴트 음식으로도 배는 채울 수 있다. 하지만 늘 패스트푸드만 먹는다면 건강은 금방 망가져버린다. 관계도 마찬가지다. 심리학자 에리히 프롬은 "물 주고 가꾸는 수고 없이 꽃을 사랑한다 말할 수는 없다."고 말한다. 예쁜 꽃을 보고 즐거워하기는 쉽다. 하지만 꽃의 아름다움을 지키기 위해 정성을 쏟는 일은 번거롭다. 그래도 꽃을 가꾸는 이유는 무엇일까? 긴 세월에 걸쳐 들인 정성이 깊은 애정과 보람을 낳기 때문이다. 오랜 시간을 함께한 꽃은 나의 삶과 맞닿아 있다. 그러기에 한층 소중하다.

인간관계도 다르지 않다. 스치는 인연, 필요할 때만 보는 사이는 애정의 깊이가 얕다. 내가 힘들고 어려운 순간에 SNS 친구들이 과연 팔 걷어붙이고 나서서 나를 도와줄까? 봉오리가 시들면 곧바로 다른 꽃을 찾는 사람과, 꽃이 스러졌어도 끝까지 화초를 소중하게 가꾸는 이의 마음이 같을 리 없다. 내가 꽃의 처지라면 어떨까? 나는 어떤 사람에게 사랑받고 싶을까?

패스트푸드는 질보다는 양을 앞세운다. '빅(big)', '와퍼(whopper)' 등의 꾸밈말은 인스턴트 음식에 흔히 붙곤 한다. 정성껏 만든 좋은 음식이 아니라면, 양이라도 많아야 손님의 관심을 끌 테다. SNS상의 관계도 다르지 않다. '페친'과 '팔로워'가 몇 명인지, '좋아요'를 몇 명이 눌렀는지에 예민한 사람들이 적지 않다. 이들에게선 관계가 깊지 않으니 나에게 관심을 갖는 사람 수라도 많아야 한다는 조급함이 느껴진다.

과연 SNS 친구 수가 많이 늘어나면 외로움과 불안이 사라질까? 별로 그럴 것 같지 않다. 인스턴트 음식은 많이 먹을수록 건강해지기는커녕 비만의 가능성만 커진다. SNS도 마찬가지다. 인터넷에 매달리는 시간과 관계를 '관리'하는 데 들어가는 품이 커질수록 마음속 헛헛함도 커져만 갈 것이다.

지옥 같은 사이보다 외로운 게 낫다

그렇다면 '진짜' 친구가 많아야 행복할까? 이 역시 반드시 그렇다고 말하기는 어렵다. 철학자 장 폴 사르트르(John Paul Sartre)는 "타인은 나의 지옥"이라는 명언을 남겼다. 가족이나 친구에게 제대로 시달려본 사람은 이 말에 고개를 크게 끄덕일 것이다. 분명 잘못된 방향으로 가고 있는데도 상대는 내 말을 전혀 들으려 하지 않는다. 아무리 어르고 달래도 상대방은 끊임없이 나에게서 벗어나려 하며 이내 삐딱선을 탄다. 증오는 사랑과

혼자의 시대, 굳이 친구가 필요할까?

함께 자라나는 법이다. 가장 아끼는 친구의 배신이 가장 깊은 상처가 되지 않던가. 이쯤 되면 '왜 친구가 꼭 필요할까?'라는 물음을 굳이 던진 이유를 이해할 수 있을 것이다. 관계의 괴로움을 겪고 나면, 이런 지옥에서 사느니 차라리 외로운 쪽이 나을 듯해서다.

스스로 홀로 서기 위해

외로움은 인간이 겪을 수 있는 큰 고통 가운데 하나다. 사르트르에 따르면, 우리는 "세상에 그냥 던져진 존재"다. 살아야 할 이유를 알고 태어난 사람은 아무도 없다. 그렇다면 우리가 삶을 이어가는 힘은 어디서 나올까? 사르트르는 '사랑'에서 답을 찾는다. 누군가를 열렬히 사랑할 때, 우리는 좋아하는 그 사람에게서 나의 존재 이유를 발견한다. 그 사람이 좋아할 때 나도 행복해지지 않던가? 나는 그 사람을 행복하게 만들기 위해 반드시 존재해야 한다!

반면에 누군가가 나를 열렬히 사랑할 때도 삶의 이유를 깨닫곤 한다. 내가 사라진다면 나를 무척 아끼는 이들은 얼마나 상처를 받겠는가? 이렇듯 사랑은 무작정 세상에 던져진 인간들에게 삶의 의미를 찾게 해주는 소중한 묘약이다. 우리에게 사랑을 줄 친구, 사랑받을 수 있는 친구가 꼭 필요한 이유이기도 하다.

그러나 스토아 철학자들은 외로움에 쫓겨 억지 사랑을 가꾸어서는 안 된다고 힘주어 말한다. 그들에 따르면 고독(solitude)과 외로움(loneliness)은 다르다. 외로움은 곁에 누군가가 없어서 느끼는 막막함이지만, 고독은 스스로 선택해서 홀로 선 상태다. 고독을 즐길 줄 아는 사람이 우정도 제대로 가꾼다. 이들은 나의 아쉬움을 채워달라며 상대에게 매달리지 않는다. 오히려 상대의 부족한 면을 채워주려 노력하는 가운데, 자신을 더욱 아름답고 강하게 만들어간다. 중요한 점은 고독을 '즐기기' 위해서도 친구가 꼭 필요하다는 사실이다.

결국 사랑이란 나를 찾아가는 여행이다. 너를 통하여 나를 알아가는 과정. 너와의 사랑이 아니었다면 까맣게 모르고 살았을 나의 오만과 편견, 네가 아니었으면 영원히 몰랐을 깨진 그릇같이 날카로운 질투와 분노, 너를 사랑하지 않았으면 발현되지 않았을 나의 허영심. 너는 나의 거울. …… 이런 자기 발전은 십중팔구 결핍의 발견이고, 이 결핍은 상처가 된다. 그러나 상처의 발견은 사람을 겸손하게 하고 성장시킨다.

독서학자 남미영의 저서 《사랑의 역사》에 나오는 구절이다. 누군가를 사랑할 때, 우리는 내가 어떤 점을 아쉬워하는지, 내 안에 무엇이 비어 있는지를 제대로 찾아내곤 한다. 이를 해결해달라고 상대에게 매달릴 때 우리는 외로움의 덫에 빠진다.

사랑의 고통을 통해 드러난 내 문제를 해결하려고 스스로를 가꿀 때는 어떨까? 단점을 극복하며 '더 사랑받을 만한 사람'으로 자신을 만들어갈 때, 비로소 고독을 즐기는 경지에 이르게 될 테다. 이 모든 과정을 위해서라도 우리는 관계를 가꾸는 노력을 게을리해서는 안 된다.

감정적인
사람은
무책임할까?

분노는 판단을 망가뜨리곤 한다.
절실한 감정은 영혼이 자신의 바람만을 바라보게 하기 때문이다.

．．．

감정은 적이다

감정의 폭발은 배설과 같다. 남들 앞에서 화를 내거나 눈물을 쏟고 나면 마음이 편치 않다. 못 보일 짓을 했다는 후회가 찾아들기도 한다. 이때의 느낌은 화장실에서 일 보는 모습을 사람들에게 보였을 때 느끼는 수치심과 비슷하다. 카타르시스란 쌓인 감정을 드러내고 후련하게 털어버린다는 의미로 쓰인다. 그런데 원래 카타르시스란 배설을 뜻한다. 낱말의 뜻을 따져보면 감정을 솔직히 드러내고 난 후에 왜 부끄러워지는지 짐작할 수 있다.

우리는 감정을 억누르고 감추도록 교육받는다. 성질대로 화를 내고 웃는 사람은 미성숙한 인간으로 여겨진다. 교양인이란 솟구치는 감정과 욕구를 억누르며, 돌려서 부드럽게 표현할 줄 아는 사람이다.

더구나 책임지는 자리에 있는 사람이라면 감정을 있는 그대로 드러내서는 안 된다. 예컨대 전장에서 적들이 소리를 지르며 달려올 때는 누구나 두려움이 일기 마련이다. 하지만 용감한 지휘관은 두려움을 드러내지 말아야 한다. 대신 그는 자신의 의무를 분명하게 떠올리며 냉철하게 병사들을 지휘해야 한다. 의사는 겁에 질려 울부짖는 어린아이의 몸에 메스를 들이대는 것을 두려워하지 않는다. 치료를 위해서는 안쓰럽더라도 감정에 휘말리면 안 되는 순간임을 아는 까닭이다.

감정에 곧잘 휩쓸리는 이에게는 책임을 맡길 수 없다. 감정을 뜻하는 영어 낱말은 passion이다. 이것의 어원은 그리스어 pathos(파토스)이다. 그런데 pathos는 수동적(passive)이라는 뜻인 pathētikos와 관련 있다. 즉, 감정이란 정신이 욕심과 피곤함에 수동적으로 끌려다니는 상태라는 뜻이다.

욕심과 피곤함은 의무를 저버리게 한다. 정직해야 할 공무원이 뇌물을 받는 이유는 욕심 때문이다. 한편 지친 몸은 절실한 의무도 포기하게 만든다. 이처럼 정신이 욕심과 피곤함에 휘둘려서는 온전히 의무를 다할 수가 없다.

따라서 스토아 철학자들은 정신을 올곧게 세워서 감정을 '능동적'으로 다스리라고 말한다. 의무감으로 감정(pathos)을 깨끗이 없앤 상태가 바로 '아파테이아(apatheia)'다. 책임을 아

는 사람은 감정을 이겨낸 냉정한 정신으로 의무를 이끌 줄 안
다. 이렇게 볼 때 감정은 책임의 적이다.

책임감도 감정이다

하지만 '책임감'도 감정의 하나임에 주의해야 한다. 나아가 책
임감은 '동정심'이나 '소속감' 같은 느낌과 함께 찾아온다. 이
런 감정들은 사람 사이의 관계에서 온다. '임금은 임금답고, 신
하는 신하다우며, 아버지는 아버지답고 자식은 자식다워야 한
다(君君臣臣父父子子)'는 유가(儒家)의 윤리는 책임감이 어디서
비롯되는지를 잘 보여준다. 보살피고 가꾸어야 할 상대가 없
으면 책임감은 의미가 없다.

　물론 혼자 있을 때도 자기 스스로를 가꾸고 보살필 책임이
있기는 하다. 철학자 쇠렌 키르케고르(Søren Kierkegaard)는 '신
앞에선 단독자'처럼 살라고 강조한다. 누구도 나의 행동을 신
경 쓰지 않더라도, 신은 나를 바라보고 있다는 기분으로 항상
진실하게 살라는 뜻이다. 《대학》에서도 "군자는 홀로 있는 데
서 스스로 삼간다."고 말한다.

　그러나 이런 충고들은 이미 사람들 사이의 관계를 염두에

둔 상태에서 나온 것이다. '신 앞에선 단독자'라는 말은 신과 자신과의 관계를 떠올리게 한다. "군자는 홀로 있는 데서 스스로 삼간다."는 구절도 마찬가지다.《중용》은 이 말을 이렇게 풀어놓는다. "감춘 것보다 잘 보이는 것이 없고, 조그마한 것보다 잘 드러나는 것이 없다. 그래서 군자는 홀로 있는 데서 삼간다." 남들에게 허물 잡히지 않기 위해서는 혼자 있어도 조심하고 또 돌아보라는 의미다. 이처럼 책임은 남들과의 관계에서 나온다.

책임감을 보는 눈

동물도 무리 지어 관계를 이루며 살아간다. 하지만 개들이 물에 빠져 허우적거리는 다른 개를 구하지 못했다 해서 죄책감에 시달리지는 않는다. 우두머리 들소들도 사자에게 물려가는 새끼를 구하지 못했다는 자괴감에 괴로워하지는 않는 듯싶다. 하지만 인간은 다르다. 자신보다 약한 자를 보호하지 못했을 때는 심한 자책에 빠지곤 한다. 목숨을 던져서라도 곤경에 빠진 이를 지켜내는 것이 사람의 도리라 믿는 까닭이다.

　나아가 인간은 주어진 책임을 다하지 못했을 때 스스로 살

가치가 없다고 여기기까지 한다. 위대한 인물이란 살기 위해 책임을 진다기보다는, 책임을 완수하기 위해 사는 사람들이다. 그렇다면 왜 인간은 이토록 책임감을 강하게 느끼는가?

심리학자 니콜라스 험프리(Nicholas Humphrey)는 그 이유를 자신의 감정을 들여다볼 수 있는 능력, 즉 '이너 아이(inner eye)'에서 찾는다. 사회생활은 아주 복잡하고 미묘하다. 상대의 마음을 읽어내지 못하면 생활은 온통 오해와 다툼으로 가득 차게 될 터이다. 우리는 다른 이들의 생각을 알아낼 수 있어야 한다.

험프리에 따르면, 인간은 자기 자신이 느끼는 감정에서부터 다른 이들을 이해하는 열쇠를 찾아낸다. 그는 엄마 생일에 장난감 로봇을 선물하는 남자아이를 예로 든다. 아이는 선물을 고르며 자신이 장난감을 받았을 때 기뻤던 기억을 떠올린다. 그리고 내가 기뻤으니 엄마도 로봇을 받으면 좋아하리라 예상한다.

인간 사이의 일은 항상 이런 식으로 일어난다. TV에서 버려진 아이들의 이야기를 접할 때면 자신이 누군가에게 버림받았을 때의 기억을 떠올리며 연민을 느낀다. 누군가를 심하게 대한 뒤에는, 자신이 몹쓸 대접을 받았을 때의 느낌이 되살아나 후회한다. 동정(同精, sympathy)이란 말 그대로 '같이(同, sym-)

느낀다(情, pathos)'는 뜻이다.

《성경》에는 "남에게 대접받고 싶은 대로 너희도 남을 대하라."는 구절이 있다. 《논어》도 "내가 싫어하는 일이라면 남에게도 하지 말라."고 충고한다. 이는 도덕 윤리에서 가장 중요하게 여기는 황금률이다.

책임감도 이러한 규칙에 뿌리를 두고 있다. 남들이 자신에게 주어진 의무를 다하지 않았을 때 누군가는 고통을 당하게 될 것이다. 우리는 자신이 겪은 경험과 느낌을 상대에게 비추어봄으로써 그런 아픔을 주지 말아야겠다고 결심하게 된다. 이처럼 감정은 책임감의 뿌리다.

냉정과 열정 사이

경험은 마음속의 도서관과 같다. 도서관에 책이 많으면 더 정확하게 자료를 찾듯, 연륜 깊은 이들은 다른 이들의 감정과 느낌을 더 잘 이해한다. 그런가 하면 어린아이는 부모의 마음을 제대로 이해하지 못한다. 자신이 가진 감정의 기억 안에서는 부모 마음에 꼭 맞는 경험을 찾을 수 없기 때문이다.

12세기 아랍의 영웅 살라딘은 눈물이 많았다. 그는 딸을 잃

감정적인 사람은 무책임할까?

어버려 울부짖는 기독교도 여인을 다독이며 같이 눈물을 흘렸다. 그리고 부하들에게 노예시장에 가서 딸을 찾아주게끔 했다. 이런 그의 모습을 보고 정신 나간 군사 지휘관이라며 손가락질할 사람은 없다. 오히려 저렇게 아픔을 나눌 줄 아는 사람이라면 무자비한 정책을 펴지는 않으리라는 믿음마저 준다. 감정이 메마른 사람은 주어진 책임만 떠맡는 데 급급하다. 그는 기계같이 원칙대로 일을 처리할 뿐이다. 그러나 감정이 풍부한 사람은 '정상참작'을 할 줄 안다. 상대의 어려운 처지에 공감하여 더 큰 책임을 진다. 자신의 재량으로 문제를 덮고 용서하는 아량을 베풀 줄도 안다. 이 점에서 감정은 책임을 없애기는커녕, 오히려 의무에 더 진지하고 충실하게 매달리게 하는 동력이 된다.

하지만 칸트가 감정을 '영혼의 병'이라고 부른 까닭을 잊어서는 안 된다. 자기감정에 충실할 때 사람들은 지독한 편견에 빠지기 쉽다. 관우를 잃은 유비는 자신이 한 나라의 황제라는 사실을 잊어버렸다. 유능한 참모들이 조조의 위(魏)를 치려는 유비를 말렸지만 소용이 없었다. 이처럼 분노는 판단을 망가뜨리곤 한다. 절실한 감정은 영혼이 자신의 바람만을 향하도록 하기 때문이다.

진정 책임감 강한 사람은 분노와 슬픔, 욕망에 충분히 공감하지만 '그럼에도 불구하고' 또다시 냉철해질 줄 아는 사람이다. 이렇게 할 수 있는 능력 역시 감정에서 나온다. 나폴레옹은 병사들을 무척 아꼈다. 전장의 부상병을 실어 나르라고 자신의 마차를 내주고 걸어갈 정도였다. 그러나 일단 전쟁이 시작되면, 그는 "황제 폐하 만세!"를 외치며 포탄에 갈가리 찢겨 죽어가는 병사들에게 눈길 한번 돌리지 않았다. 보다 많은 병사들을 살리고 승리를 거두기 위해서는 자신이 냉정해야 한다는 사실을 잘 알았기 때문이다. 승리를 향한 욕망과 군단을 잃을지 모른다는 두려움은 눈앞에서 쓰러지는 병사들의 모습에 흔들리지 않는 침착함을 가져다주었다.

플라톤은 영혼을 '이성이라는 마부가 용기와 욕망이라는 두 마리 말로 이끄는 마차'에 빗댄다. 이성은 마차를 끄는 마부다. 용기는 길들여진 순한 말이고, 욕망은 거칠고 힘센 말이다. 제대로 달리려면 이성은 욕망과 용기를 잘 다스려야 한다. 여기서 욕망은 마차를 쓰러뜨리기 위한 말이 아님을 명심해야 한다. 욕망은 영혼을 강하게 이끄는 에너지다. 따라서 감정이 없는 사람은 의무감도 느낄 수 없다.

문학과 예술이 인성 교육에서 빠지지 않는 이유도 여기에 있다. 문학과 예술은 감정을 풍부하게 하면서도, 아름다움을 위해 절제하고 조화를 이루는 법을 가르쳐준다. 감정은 책임을 없애지 않는다. 오히려 감정은 책임감의 뿌리이며, 감정이 없는 의무는 기계처럼 피도 눈물도 없이 냉혹한 원칙만을 사람들에게 강요할 뿐이다.

정상적인
정신 상태는
'정상'일까?

"그렇다면 관중석에 앉아 구경하고 있는 6000명은 뭔가?
사람이 경기를 보기만 해도 튼튼해진단 말인가?"

_아지즈 네신, 〈미친 사람들 탈출하다〉

...

정상과 비정상

고대 그리스에서 델포이 아폴론 신전의 신탁(神託)은 아주 중요했다. 여사제가 유황 연기를 맡으며 늘어놓는 신들린 소리에 따라 국가의 운명이 바뀌는 일도 흔했다. 지혜의 신 아폴론의 뜻이라 여긴 까닭에 감히 신탁에 맞설 엄두를 못 낸 탓이다.

하지만 신경생리학자들에게 여사제의 신탁은 '환각 상태에서 내지르는 미친 소리'에 지나지 않는다. 이처럼 광기(狂氣)가 정상적인 사회생활을 쥐고 흔드는 모습은 현대인들에게 황당하고 어이없어 보이기까지 하다. 현대사회에서는 제정신으로 한 행동만 의미 있게 여겨진다. 논란이 많지만 아직까지도 법은 '정신질환' 때문에 사람을 죽인 경우 살인자에게 모든 책임을 묻진 않는다. 마찬가지로 정신이 혼미한 상태에서 이루어진 약속이나 계약도 보통 무효로 여겨지곤 한다. 이성이 깃들지 않은 사람은 교육을 받아야 하고, 광기에 휩싸인 이는 치료의 대상일 뿐이다. 현대인에게 '이성은 정상, 광기는 비정상'이다.

이성은 하지 못하는 일

그러나 광기는 때로 비정상이 아닌 '초(超)정상'으로 받아들여지곤 했다. 플라톤의 '대화편' 중 하나인 《파이드로스》에서, 소크라테스는 이성을 뛰어넘는 신이 내린 광기를 설명한다. 아폴론은 예언을 내리는 능력을, 디오니소스는 축제에 몰입하는 광란의 힘을, 음악의 여신들은 아름다움으로 마음을 휘감는 기술을, 아프로디테와 에로스는 사랑으로 삶을 뛰어넘는 능력을 준다. 이 모두는 이성을 잃게 하지만 '비정상'은 아니다. 오히려 광기란 평범한 일상에서는 깨닫지 못하는 아름다움과 고귀함을 꿰뚫어보게 하는 축복이다.

서양 중세의 군주와 기사들 역시 비슷한 눈으로 광기를 바라보곤 했다. 샤를마뉴 대제는 글자를 몰랐다. 자신의 이름을 겨우 쓸 정도였단다. 남자 귀족들도 대부분 마찬가지여서, 자기들이 문자를 전혀 모른다는 사실을 자랑스러워하기까지 했다. 문자를 배우고 이성을 기르는 행동이 용맹을 꺾어버리는

'남자답지 못한 결과'로 이어진다고 믿었던 탓이다. 옛이야기 속에 숱하게 등장하는 기사들은 사실 조울증 환자의 모습 그 자체다. 군주를 위해, 혹은 사랑을 위해 눈물을 흘리고 목숨을 바치는 모습에서 냉철한 이성과 판단을 찾아내기란 어렵다. 광기에 가까운 열정은 그네들의 삶을 이끄는 힘이었다.

철학자 니체는 '노예도덕'과 '주인도덕'을 나눈다. 규칙을 지키고 겸손하며 남을 배려하려는 이성적인 노력은 따지고 보면 노예의 자세다. 주인은 활기차고 당당하며 자신의 권리에 충실할 뿐이다. 주인은 자신의 감정을 드러내고 원하는 대로 생활을 이끌어나간다. 니체는 우리가 이성을 갖추고 사회에 익숙해질수록 실은 노예로 길들여질 뿐이라고 말한다. 시대를 이끌 진정한 창조자들은 규칙과 질서에 무릎 꿇지 않고 자신의 열정과 의지가 시키는 대로 삶을 걸어간다. 그가 말하는 주인도덕은 예전의 고귀했던 광기를 떠올리게 한다.

이성적 능력을 기르는 이유

산업사회는 기계와 함께 태어났다. 언제나 예외 없이 움직이는 기계는 풍요로움과 질서를 가져왔다. 기계는 수학과 물리의 법칙에 따라 이성적으로 움직인다. 산업사회는 인간도 기계처럼 되기를 원했다. 게으름을 피우지도 혼자 튀지도 않는, 다음 행동을 예상할 수 있게끔 꾸준하고 참을성 있는 인간을 필요로 했다. 논리적으로 무엇을 왜 해야 하는지 깨달을 줄 알면, 욕심을 누르고 의무를 따르기가 더 쉬워진다. 이성은 이를 가능하게 한다. 교육이 이성적 능력을 높이는 데 큰 힘을 쏟는 이유다.

이제 모든 광기는 없애버려야 할 적이 되어버렸다. 기계 문명의 놀라운 생산 능력은 한두 사람의 천재에게서 나오지 않는다. 규칙적인 리듬에 따라 움직이는 조직이 엄청난 부(富)를 낳는다. 이런 상태에서는 신적인 능력이나 폭발적 감성도 바람직하지 못하다. '예외'를 만들기 때문이다.

그리스 연극에서는 결정적인 순간에 신이 등장하여 모든 문제를 단칼에 해결해버린다. 하늘에서 기계를 타고 등장하는 신(deux ex machina, 데우스 엑스 마키나: 극의 사건 진행 과정에서 도저히 해결될 수 없을 정도로 뒤틀어지고 비꼬인 문제가 파국 직전 무대의 꼭대기에서 기계 장치를 타고 무대 바닥에 내려온 신에 의해 해결되는 기법)은 어떤 갈등도 풀어내는 만능해결사였다. 그러나 일상이 신의 변덕스러운 축복과 저주에 따라 풀려나가서는 안된다. 세상은 누구에게나 이해되는 자연법칙에 따라 굴러가야 한다. 그럴 때에만 사회는 기계같이 정확하고 규칙적으로 굴러갈 것이다.

산업사회에서 광기는 단지 미친 짓 이상도 이하도 아니다. 광기는 이성의 논리로 없애버려야 할 질병일 뿐이다. 더구나 '일하지 않는 자는 먹지도 말라.'는 사도 바울의 근로윤리는 노동하지 못하는 광인(狂人)들을 범죄자로 여기게까지 했다. 미친 사람은 병자일뿐더러, 게으름 피우는 죄인이 되어버렸다.

모두가 환자인 세상

미셸 푸코는 《광기의 역사》에서 광기가 신비함을 잃은 채 질병으로 바뀌어가는 과정을 면밀하게 보여주었다. 광기는 이제 한 걸음 더 나아가 과학자들의 분석 대상이 되어버렸다. 프로이트 이후로 정신질환은 상담으로 풀어야 할 질병으로 여겨졌다. 더 나아가 1990년대 이후부터는 감기같이 약물로 고쳐야 할 병처럼 되어버렸다. 정신과 의사들은 이제 더 이상 우울증 환자와 상담하는 데 예전처럼 많은 시간을 내지 않는다. 항우울제를 내밀며 하루에 몇 번 먹으라고 처방을 내릴 뿐이다. 광기는 화학적 균형을 잃은 두뇌에 지나지 않는다. 광기는 신화에서 심리학의 영역으로, 다시 신경생리학의 영역으로 급속히 옮겨가고 있다.

이처럼 광기는 비정상적인 것, 또는 질병으로 여겨진다. 그렇다면 광기에는 과연 아무 의미도 없을까? 하지만 거꾸로 물어보자. 광기가 비정상이라면, 정상은 과연 무엇인가?

20세기 중반, 미국에서는 '정상 몸무게'의 기준이 등장했다. 미국의 거대 보험회사인 메트로폴리탄생명보험은 신장에 따라 몇 킬로그램이 나갈 때 가장 오래 사는지를 통계표로 만들었다. 이 표에 등장하는 '정상 체중'은 상식보다 많이 가벼웠다. 키가 180센티미터인 남성은 71킬로그램이, 여성의 경우 61킬로그램이 정상 체중이었단다. 권위 있는 수학자들이 만든 이 도표는 빠른 속도로 퍼져나갔다. 이와 함께 엄청난 다이어트 열풍도 일었다.

그러나 과연 '정상 몸무게'라는 것이 있을까? 스모 선수에게 알맞은 몸무게는 100킬로그램이 넘는다. 승마선수에게는 50킬로그램도 안 나가는 체중이 '평균 몸무게'다.

기계 문명은 끊임없이 표준과 기준을 요구한다. 기계는 표준화되어 어떤 부품이나 공정과 바꾸더라도 쓸 수 있을 때 가장 효율적인 까닭이다. 마찬가지로 교육에서도 기계 문명은 표준화된 인간을 요구한다. 지능 지수가 얼마 이상인 사람은

'정상 아이큐'이고, 어학 자격시험 몇 점 이상을 받은 이들은 필요한 언어 능력을 갖추었다고 평가받는다. 모든 사람은 자신이 '정상'임을, 나아가 '이상적인 기준'을 채웠음을 보이기 위해 아득바득 노력한다.

그러나 과연 '정상적인 정신 상태'란 무엇을 의미할까? 정신 의학자의 눈으로 보면 모든 사람들의 영혼은 우울증, 강박증, 열등감 등등의 질병을 앓고 있다. 나아가 천재들은 광인에 가깝다. 베토벤은 괴상한 성격으로 악명 높았다. 그의 하인들은 언제 떨어질지 모르는 불벼락에 전전긍긍했다. 고흐는 격한 감정을 억누르지 못해 자신의 귀를 잘랐다. 비트겐슈타인은 생각에 몰두할 때면 괴물같이 날카로웠고, 일이 없을 때는 하루 종일 배회하거나 영화관에서 탈진하듯 쓰러져 영화를 봤다. 이들은 과연 정상적인 정신 상태로 되돌려야 할 환자였을 따름인가?

인류 문명은 정상적이지 않았던 사람들의 업적에 빚을 지고 있다. 천재적 광기로 뭉친 시인과 예술가, 과학자 없이 이성적인 사람들로만 이루어진 사회는 과연 '정상적'인지 되물어보라. 광기에 어떤 의미가 있는지가 분명하게 다가올 터다.

신이 주신 제일 좋은 것

아지즈 네신의 소설 〈미친 사람들 탈출하다〉는 정신병자들이 병원을 탈출하여 정부를 인수한다는 내용이다. 소설 속에서 정신병자들의 지침은 다음 딱 한 줄뿐이다.

미친 사람들은 영리한 사람들이 해놓은 것들을 모두 무너뜨린다. 영리한 사람들이 무엇을 했든지 간에 그 정반대의 일을 하도록 한다.

정신 나간 말 같지만 이 문구로 인해 세상은 묘하게 제자리를 찾기 시작한다. 축구장을 찾은 미친 사람들은 경기장의 빽빽한 사람들과 심판에게 묻는다.

"뭘 하고 있는가?", "축구 경기를 하고 있습니다.", …… "스포츠를 하면 무엇에 좋은가?", "장관님, 스포츠는 몸을 튼튼하게 합니다. 건강한 육체에 건강한 정신이 깃들지요. 그러므로 한 국가의 청년들이 건강해지기 위해서는 스포츠가 아주아주 중요합니다.", "그렇군. 그런데 지금 내가 보기에는 축구라는 이 훌륭한 스포츠를, 저 운동장에 있는 스물두 명의 청년들만 하고 있군그래. 그렇다면 관중석에 앉아 구경하고 있는 6000명은 뭔가? 사람이 경기를 보기만 해도 튼튼해진단 말인가?"

프로이트는 작곡가 구스타프 말러에게 정신 치료를 받지 말라고 충고했다. 진정한 정신 치료의 대가들은 되레 광기의 의미에 대해 잘 안다. 광기는 정신의 나약함 탓에 생기기도 하지만 넘치는 삶의 에너지 때문에 나타나기도 한다.

무엇을 광기로 보고, 얼마만큼 허용하는지는 건강한 사회를 가려내는 잣대가 되기도 한다. 어떤 문명에서는 동성애를 치료해야 할 정신이상으로 본다. 나라에 따라서는 사형에 처하는 극악한 범죄로까지 보기도 한다. 사회가 열려 있을수록 '광기'의 범위는 좁고 적다. 사람들의 유별난 생각과 행동은 '미친 짓'이 아니라 '다양함'으로 여겨진다. 이런 사회는 창조적인 아이디어로 넘치고 새로운 발전의 기운이 충만하다.

프랑스 사상가 라로슈푸코는 "광기 없이 사는 자는 자신의 생각만큼 지혜롭지 않다."라고 말했다. 광기는 상식 밖의 영역이다. 발전을 이끄는 창조성은 상식의 경계에 서서 그 밖을 넘어보는 데서 나온다. 광기란 '비정상'이 아닌, 정상 밖으로 넘어가 일상이 되어버린 문화를 되돌아보게 하는 '초정상'의 의미가 있다. 광기를 단순히 질병이나 범죄로 여긴다면, 사회의 성장은 멈추어버릴 것이다.

　플라톤은 광기를 "신께서 주신 좋은 것들 중에서도 가장 좋은 것"이라고 격찬했다. 세상은 날이 갈수록 획일화된다. 세계화는 '국제적인 표준'을 앞세워 다양함을 없애나가고 있다. 광기는 다양성이라는 성장 동력을 잃어가는 인류 문명의 새로운 돌파구를 여는 코드일 수 있다. 이 점에서 플라톤의 찬사는 광기의 의미가 무엇인지를 꿰뚫어 보여주는 명언이다.

정상적인 정신 상태는 '정상'일까?

2부
—

세상은 내 생각대로
돌아가지 않는다:

현실에
눈뜨는
물음

흙수저와
금수저의 삶은
공평할까?

"내가 세상에서 가장 두려워하는 일은
나의 고통이 가치 없는 것으로 변해버리는 일이다."

_도스토옙스키

...

인생은 공정하지 않은 시합

달리기 시합을 할 때는 누구나 같은 출발선에 서서 똑같은 거리를 뛰어야 한다. 그래야 공정한 경기다. 만약 누군가 출발선 앞에 나와 있거나 신호보다 먼저 출발한다면 그는 '부정 선수'로 실격 처리된다. 선수들의 페어플레이는 모두에게 평등한 조건이 갖추어진 뒤에라야 가능해진다.

이런 기준에서 볼 때, 인생은 전혀 공정하지 않은 경기다. 사람마다 출발점이 다르기 때문이다. 부자 부모를 만난 덕에, 남들은 평생 벌어야 모을 수 있는 재산을 태어날 때부터 손에 넣고 인생길에 오르는 사람도 있다. 외모와 능력도 마찬가지다. 준수한 외모에 머리까지 명석한 이들이 있는가 하면, 추한 용모에 지능도 떨어져 주변의 무시를 받는 경우도 흔하다.

떨어지는 조건에 놓인 이들에게 인생은 불행을 확인하는 과정일 뿐이다. 남보다 두 배 노력해도 결과는 좋은 환경에 있는 사람들보다 열 배 떨어진다면, 삶의 의욕이 날 리가 있겠는가? 허탈과 분노가 가득한 삶을 살기 십상이다.

한편으로 인생에는 공평한 측면도 있다. 부자라고 더 행복하지는 않다. 생로병사, 즉 태어나서 늙고 병들어 죽는 것은 누구에게나 똑같다. 선진국일수록 우울증 환자가 많고 자살이 빈번한 것은 잘 알려진 사실이다. 생활고에 짓눌렸어도 늘 밝고 행복한 사람이 있는가 하면, 겉으로 보기에 남부러울 것 없는 이들이 스스로 목숨을 던지기도 한다.

그렇다면 삶은 주어진 조건이 좋고 나쁨에 상관없이 누구에게나 공평하게 주어졌다고 할 수 있을까? 그렇지 않다면 삶을 공평하게 만들 수 있는 방법은 있을까?

원숭이도 공정함을 원한다

카푸친 원숭이들은 동료애가 남다른 동물이다. 그래서 좀처럼 서로 시기하는 법이 없다. 사회생물학자들은 실험을 하면서 이 원숭이들에게 토큰을 나눠주었다. 그리고 원숭이들이 연구자에게 토큰을 내줄 때마다 오이 한 개씩을 주었다. 학습 능력이 뛰어난 원숭이들은 '거래의 법칙'을 재빨리 터득했다. 토큰 하나당 오이 한 개. 그렇게 얼마 동안 생물학자와 원숭이 간에 평화로운 관계가 유지되었다.

그러다가 연구자들이 관행을 깨기 시작했다. 토큰을 받을 때마다 어떤 놈에게는 달콤한 포도를 준 것이다. 특별한 이유는 없다. '그냥' 이 원숭이에게는 포도를, 저 원숭이에게는 오이를 주었을 뿐이다. 물론 원숭이들은 포도를 더 좋아한다. 거래의 법칙이 무너지자, 원숭이들은 난폭해졌다. '차별받는' 원숭이들은 오이를 단호하게 거부했다. 심지어는 토큰을 우리 밖으로 집어던지기까지 했다.

"나에게도 남들과 똑같은 몫을 달라!" 이 말을 내뱉지는 못하지만 원숭이들에게도 '공평함'에 대한 감각이 있음은 분명해 보였다. 사회생물학자들은 이러한 실험 결과를 토대로 '공평함은 분노와 배고픔만큼이나 오래된 본능'이라는 결론을 이끌어냈다(실험 결과는 〈뉴스위크〉 2003년 9월 29일자, '나의 공정한 원숭이My fair Monkey'에 실려 있다).

공정함에 대한 감각(sense of fairness)은 우리의 기본 감성 중 하나다. 남들이 누리는 편애와 특혜는 나의 속을 거북하게 한다. 특별한 이유 없이 나보다 더 많은 행복을 누리는 일은 '공평하지 않기 때문'이다. 여기서 문제는 아무리 공정함이 우리

나는 이 질문이 불편하다

의 본능이라고 해도 세상은 공평하지도, 평등하지도 않다는 사실이다.

태어나는 순간부터 우리는 이미 불평등한 상황에 놓이게 마련이다. 부유한지 가난한지, 어떤 나라의 시민인지, 키나 지능 같은 유전 요인을 어떻게 타고나는지 등등에 따라 우리는 서로 다른 출발선에 놓이게 된다.

유리한 쪽에 서 있다면 다행이겠지만, 불리한 편에 놓인 사람에게 불평등한 상황은 여간 못마땅한 게 아니다. 자신이 선택하지도 않은, 책임질 수도 없는 상황에 던져놓고는 정직하고 성실하게 살라고 충고하는 것은 잔혹하기만 할 뿐이다. 세상은 나에게 정직하지도 성실하지도 않은데, 왜 나는 그렇게 살아야 한단 말인가?

종교는 타고난 불평등에 대해 속 시원한 답을 준다. 불교나 힌두교에서는 내가 차별받는 이유를 업보에서 찾는다. 전생의 죄가 커서 지금 삶이 이렇게 고단해졌다는 거다. 그러나 이제부터라도 착실하고 열심히 살아 덕을 쌓으면 다음 생에는 보다 행복해질 수 있단다. 지금 내 입장에서는 삶이 불공평해 보일지 몰라도, 우주 전체로 볼 때는 지극히 공정하다는 논리다. 죄를 지은 만큼 대가를 치르고, 덕을 쌓은 만큼 보상을 받는다는 규칙에 따라 세상이 굴러가니 말이다.

기독교나 이슬람교도 마찬가지다. 신산스럽고 억울하기만 한 지금의 삶은 신의 뜻이다. 우리는 주어진 조건에 억울해하거나 불만을 품어서는 안 된다. 밝고 성실하게 감사하는 마음으로 살면, 내세에 우리에게는 천국이 보장된다. 가난한 자에게 복이 있고, 부자가 천국에 들어가기는 낙타가 바늘구멍 통과하기만큼이나 어렵다고 하지 않았는가? 종교의 가르침을 좇다 보면 세상의 차별 때문에 응어리진 마음이 풀어짐을 느낄 수 있다.

평등은 현실인 적이 없다

그러나 마르크스는 종교가 주는 위안을 단호하게 거부한다. 그는 종교란 '민중의 아편'에 지나지 않는다고 소리친다. 기분 좋게 술에 취한 사람에게는 세상이 온통 장밋빛으로 보인다. 하지만 술을 마신다고 현실이 바뀌지는 않는다. 깨어나면 다시 속 터지는 삶이 기다리고 있을 뿐이다.

종교도 마찬가지다. 억울한 순간마다 기도하고 명상하면 그때만큼은 분노를 가라앉힐 수 있다. 하지만 뭐가 달라지는가? 억장이 무너지는 상황은 다시 오고, 그럴 때마다 종교에 더욱 매달릴 수밖에 없다. 점점 더 강한 마약을 찾는 중독자들과 다를 바 없다. 그러니 불공정한 세상을 바꾸고 싶다면, 위로받으려 하지 말고 투쟁하라!

역사적으로 불평등이 극에 달할 때 사회질서는 무너지게 마련이었다. 역사상 모든 혁명은 '공평정대(公平正大)'를 모토로 내세웠다. 마르크스도 마찬가지였다. 그는 모두가 '능력만큼 일하고 필요한 만큼 소비하는 사회'를 꿈꿨다. 따지고 보면 공평정대의 이상을 이 말만큼 정교하게 나타내는 표현도 드물다. 타고난 능력이 다른데도 똑같은 과제와 업무를 부여하는 것은 옳지 못하다. 이렇게 되면 남보다 체력이 부족하고 지능이 떨어지는 사람은 죽을힘을 다하고도 실패자로 낙인찍히기 쉽다. 그러니 능력만큼 일하도록 하는 게 공평한 처사다.

필요한 만큼 소비하라는 말은 어떤가? 사실 우리는 필요 이상으로 재산에 집착하고 있다. '상식 수준'으로 소비하며 생활한다면, 넉넉하게 지낸다 해도 돈은 그다지 많이 필요하지 않다. 그러나 우리는 그보다 훨씬 더 많은 돈을 갈구한다. 남에게 과시하기 위해 필요 이상의 돈을 쓰고 자식에게 물려주기 위해 재산을 모으는 탓이다.

만약 필요 이상으로 돈을 모으지 못하게 하고, 재산 상속도 금지한다면 어떨까? 사람들은 지금같이 아등바등 살지 않을 것이다. 나아가 소비가 줄면 노동도 줄일 수 있다. 모두가 능력에 따라 즐기듯 일하면서도 공평하게 사회의 부를 누리며 살 수 있을 것이다. 일상에서 꼭 필요한 소비는 심각한 격차를 부르지 않는다. 밥을 두 공기 먹는다고 해서, 한 그릇 먹는 사람보다 엄청난 혜택을 누린다고 할 수 있겠는가?

능력만큼 일하고 필요한 만큼 소비하는 사회를 만들려는 마르크스의 꿈은 결코 실현되지 않았다. 마르크스의 희망과 달리, 그가 꿈꿨던 평등한 세상은 '필요한 만큼 일하고, 능력만큼 소비하는' 가장 비참한 상태로 떨어지고 말았다. 마르크스의 뜻을 좇아 만들어진 옛 소련 같은 사회주의 나라에서 이 점은 분명하게 나타났다. '무임 승차자(free rider)' 문제는 사회주의의 고질병이었다. '능력만큼 일한다.'는 이상은 현실에서 '남들만큼은 일하지 않겠다.'로 나타났으며, '필요한 만큼 소비한다.'는 모토는 줄어든 노동에 따라 소비할 물자가 없어졌다는 사실 때문에 공염불이 되었다.

더 큰 문제는 '평등'은 인류 사회에서 현실인 적이 없었다는 사실에서 나왔다. 익숙하지 않은 일을 억지로 하려면 무리가 따른다. 한쪽으로 쏠린 부를 모두에게 나눠주는 일은 보통 강력한 권력이 아니고서는 하기 힘들다. 따라서 국가의 힘은 절대적이어야 한다. 더욱이 일의 효율을 높이다 보면 권력은 소수에게 더욱더 집중된다. 절대 권력은 절대 부패하는 법, 평등을 꿈꾸는 권력은 줄곧 심한 빈익빈 부익부를 초래하고 말았다. 나치의 공식 이름이 국가'사회주의'당이고, 북한의 공식 명칭이 조선민주주의'인민'공화국이라는 점을 되새겨보자. 이상과 현실은 차이가 있다.

문은 누구에게나 열려 있다

그렇다면 평등하고 공평한 세상은 인류가 바랄 수 없는 이상인가? 아니다. 인생은 누구에게나 공평하다. 철학자 키케로는 《노년에 관하여》에서 "문은 누구에게나 열려 있다."라는 유명한 말을 남겼다.

이 말은 인생을 나갈 수 있는 문, 즉 죽을 수 있는 권리는 누구에게나 공평하게 주어져 있다는 뜻이다. 섬뜩하게 들리겠지만, 우리에게는 인생이 불공평하다고 느꼈을 때 삶을 던질 수 있는 자유가 있다. 물론 이런 처량한 자유를 공평하게 누리고 싶어 하는 사람은 거의 없다. 그러나 키케로의 말은 삶의 공평함을 발견할 수 있는 혜안을 열어준다.

심리학자 빅터 프랭클은 인간에게는 누구도 뺏을 수 없는 자유가 주어져 있다고 말한다. 그것은 '주어진 환경에서 자신의 태도를 결정하고, 자기 자신의 길을 선택할 수 있는 자유'다. 아무리 비참한 지경이라도, 그 상황을 기꺼이 즐겁게 받아들이겠다고 결정할 자유는 누구도 빼앗을 수 없다. 도스토옙스키는 이렇게 말한다. "내가 세상에서 가장 두려워하는 일은 나의 고통이 가치 없는 것으로 변해버리는 일이다." 나의 고통을 의미 있게 만드는 사람은 바로 나 자신이다. 등산가가 정상 정복 후에 느끼는 희열은 누가 자기를 알아주지 않아도 나타나는 것이다.

사람은 의미를 찾는 존재다. 우리가 처한 환경은 끊임없이 우리에게 무엇을 결정하고 행동하기를 요구한다. 현명한 사람은 그 속에서 자기 삶의 의미를 스스로 찾아낸다. 아무리 부유하고 좋은 환경에 있다 해도, 자기 삶에 대한 태도를 스스로 결정하지 못하는 사람은 불행하다. 남들이 '이렇게 살아야 한다.'라고 정해놓은 기준에 맞추는 삶은 끊임없이 휘둘리기 때문이다.

이처럼 우리는 '나의 삶의 태도를 결정하고 의미를 찾을 수 있는 자유'를 똑같이 누리고 있다. 세네카는 충고한다. "최선을 다해 삶에 몰두하라. 그리고 그 결과에는 초연하라." 남들의 평가나 이해득실에 웃고 울지 말고, 내가 나의 삶에 얼마나 충실했는지만 따지라는 뜻이다.

치열하게 살며 자기 삶에 스스로 의미를 부여할 수 있는 사람은 누구나 행복해질 수 있다. 그리고 그렇게 할 수 있는 자유는 누구에게나 주어져 있다. 이 점에서 삶은 누구에게나 공평하다.

시키는 대로만
일하는 게
속 편하지 않을까?

---◆---

누군가 자신에게 관심과 애정을 기울이고 있다는 사실은
그 자체로 동기를 유발한다.

...

자유라는 고통

"자유는 예속, 무지는 힘."

조지 오웰이 쓴 소설 《1984》에 등장하는 독재자 '빅 브라더 (Big Brother)'의 구호 중 일부다. 개인의 자유를 소중하게 여기는 민주주의 사회에서는 억지스럽게 들리는 말이다. 그러나 여기에는 우리 삶의 진실이 담겨 있다.

자유는 행복이라기보다는 고통이다. 자유는 나태와 타락, 그리고 불안으로 이어지기 쉽기 때문이다. 이상(理想)을 향해 달리는 사람이라면 누구나 한번쯤 '누군가가 나를 강력하게 통제하고 이끌어주었으면……' 하는 바람을 품어보았을 테다. 스파르타식 입시학원이 여전히 관심을 끄는 현실은 자유가 개인에게 얼마나 버거운 짐인지를 보여주는 사례다.

이 점은 정치에서도 마찬가지다. 민주주의 국가에서는 국론을 하나로 모으기 쉽지 않다. 저마다 자유를 외쳐대는 통에 정책은 흐지부지되기 일쑤다. 그래서인지 우리는 주변에서 "박정희 때가 좋았지……"라며 강력한 지도자를 원하는 사람들을 심심치 않게 찾아볼 수 있다. 이들은 뚝심 있는 지도자가 강력하게 나라를 이끄는 것이 자유를 앞세운 공허한 논쟁보다더 낫다고 믿는다.

게다가 이들은 자유란 강제를 참아냄으로써 얻어낸 결실이라고 말한다. 자유민주주의를 채택한 신생국들은 대개 혼란과무질서에 휩싸이게 마련이다. 역사적으로도 민주주의가 정착했기에 풍요로워진 경우만큼이나, 개발독재를 통해 부유해지면서 비로소 민주주의가 꽃핀 사례도 많다. 이렇게 본다면, '자유는 곧 예속'이라는 빅 브라더의 이야기에 고개가 끄덕여질지도 모르겠다. 섣불리 자유에 취하지 않고, 현명하고 카리스마 넘치는 지도자의 '예속'을 기꺼이 받아들인 개인과 국가가결국 성공의 열매를 따지 않는가?

그럼에도 우리 사회는 자유를 바람직한 것으로, 예속과 강제를 굴욕으로 여긴다. 자유가 방종과 타락으로 이어진 경우가무수한데도 말이다. 왜 우리는 자유를 강제보다 바람직하다고여기는 것일까? 과연 자유는 강제보다 바람직한가?

차라리 강제가 필요할 때

칸트는 엄격하게 자기 관리를 한 철학자다. 오후 3시 30분이면 어김없이 산책을 해서, 동네 사람들이 시계를 맞출 정도였다는 일화는 너무도 유명하다. 그는 톱니바퀴같이 질서 정연한 생활 덕택에 엄청난 분량의 저작을 남길 수 있었다.

그러나 보통 사람들에게 칸트 같은 일상은 버겁다. 나태와 게으름이 발목을 잡기 때문이다. 조직도 마찬가지다. 아무리 훌륭한 목표를 갖고 있어도 구성원들이 솔저링(soldiering: 군대에서 눈치를 보고 적당히 일하는 태도를 일컫는 말로, 일을 열심히 하지 않고 처벌을 받지 않을 정도로만 적당히 하는 태도를 포괄하는 말로 쓰인다)에 빠져 있다면, 즉 눈치나 보며 태만하게 지내고 있다면 무슨 일이건 제대로 될 리 없다. 이렇게 좌절과 실패가 반복되다 보면, 차라리 기계같이 냉혹하게 강제할 수 있는 뭐라도 있었으면 좋겠다는 생각이 자연히 든다.

테일러(Frederick Taylor)의 '과학적 관리'는 이런 고민에 싸인 사람들의 귀를 솔깃하게 한다. 테일러는 노동자의 몸과 기계가 상하지 않는 범위 안에서 어떻게 하면 최고의 성과를 낼 수 있는지를 연구했던 사람이다. '테일러리즘(Taylorism)'이라고 불리는, 그가 제시한 관리 기법 안에는 나태가 자리할 틈이 없다.

테일러리즘은 작업을 가장 기본적이고 단순한 동작으로 쪼개서 분석한다. 그런 다음 불필요한 동작을 없애고 가장 효율적인 작업 모델을 만든다. 그리고 이 모델대로 일을 했을 때 낼 수 있는 성과량을 제시한 뒤, 이보다 못한 결과를 내는 사람들의 경우 그만큼의 급여를 깎아버린다. 물론 표준을 초과하는 성과를 내는 이들에게는 그에 해당하는 상여금을 준다. '과학적'으로 일의 결과가 드러나기에, 일일이 닦달하지 않아도 노동자들은 정신없이 일할 수밖에 없는 구조다.

테일러의 방법은 책임과 대가를 명확히 함으로써 일에서 나태와 게으름을 몰아냈으며, 생산성 또한 크게 높였다. 생산량의 증가에 따라 근로자들의 급여도 오르고 생활 역시 풍요로워졌음은 물론이다.

하지만 테일러리즘을 반기는 사람은 많지 않다. 심지어 어떤 이들은 테일러 방식을 '파우스트의 거래'라며 맹렬하게 공격하기도 한다. 출세를 위해 영혼을 팔아넘긴 파우스트 박사처럼, 성과를 위해 일의 즐거움과 자유를 빼앗기고 말았다는 뜻이다.

테일러리즘 속에는 장인(匠人)의 자부심도, 장기 근속자의 보람도 자리할 곳이 없다. 테일러의 과학적 관리에 따르면, 누가 업무를 맡든지 '균질한 노동'을 얻기 위해 업무는 항상 '매뉴얼'에 상세히 규정하고 설명해놓게 되어 있다. 그래서 해고가 쉽고, 사람을 새로 구하기도 쉽다. 하지만 성과는 최고로 나와야 하기에 일의 강도는 항상 높다.

이런 상황에서 직장은 돈을 벌기 위해 고통을 견뎌야 하는 곳에 지나지 않는다. 진정한 삶은 '퇴근 이후'에 있다. "열심히 일한 당신, 떠나라!"는 광고 문구는 테일러리즘이 지배하는 세상의 모습을 적나라하게 보여준다. 인생을 즐기려면 괴로운 일에서 벗어나야 한다!

호손 실험이 뜻하는 것

그러나 테일러리즘대로라면 노동자는 일을 떠나서도 행복할 수 없다. 그 이유는 테일러의 주장 안에서 찾을 수 있다. 그는 생전에 노동자들에게 너무 많은 임금을 주어서는 안 된다고 말하곤 했다. 우둔한 노동자들은 돈이 많으면 일을 안 하려 들 뿐더러, 여가를 어떻게 보내야 할지도 몰라 생활이 이내 방탕해지기 때문이란다.

테일러 체제에서 사람들이 혹독한 강제를 견디는 것은 더 많은 봉급을 받아서 여가를 행복하게 보내기 위함이었다. 그러나 여유를 얻고서도 더욱 불행해질 뿐이라면, 조직의 강제를 견뎌야 하는 이유는 어디에 있는가? 실제로 앞만 보고 달려 온 사람들 중에는 정상에 오른 뒤 되레 불행해지는 경우가 적지 않다. 성과가 행복으로 이어지지 못한다면 '인내의 열매는 달다.'라는 고전적인 교훈도 입 발린 말에 불과하다.

이러한 비판에 대해 1920년대 후반에 행해진 호손(Hawthorne) 실험은 또 다른 혜안을 준다. 호손 실험이란 경영 사상가 메이오(George Mayo)가 웨스턴 일렉트릭사의 호손 공장에서 4년에 걸쳐 실시한 실험을 말한다.

원래 이 실험은 작업장의 조명 밝기와 업무 효율성 사이의 관계를 밝히기 위한 것이었다. 원래 예측대로, 실험 초기에는 작업장을 밝게 할수록 생산량이 늘어났다. 그러나 연구자들은 나중에 작업장의 밝기를 떨어뜨렸음에도 호손 공장의 생산성이 증가했음을 발견하게 되었다. 연구 결과 메이오는 다음과 같은 결론에 도달한다. 생산량이 늘어난 이유는 조명과는 큰 상관이 없다. 오히려 근로자들은 하버드 대학 출신 연구원들이 자신들에게 관심을 갖고 세심하게 바라보고 있음에 고무되었던 것이다. 이들은 엘리트 연구원들에게 자신이 얼마나 뛰어난 노동자인지를 인정받고 싶었다.

이처럼 누군가 자신에게 관심과 애정을 기울이고 있다는 사

시키는 대로만 일하는 게 속 편하지 않을까?

실은 그 자체로 동기를 유발한다. 호손 실험은 개인의 능력과
자율을 존중하면 강제 없이도 생산량을 늘릴 수 있음을 증명
해주었다. 인정받는 상황에서는 일 또한 즐겁고 유쾌한 활동
이게 마련이다.

사람은 사람 대접을 받고 싶다

강제보다 동기 유발이 낫다는 호손 실험의 결론은 매슬로에
의해 보다 분명해진다. 매슬로는 '욕구 발달 5단계설'로 잘 알
려진 심리학자다. 그에 따르면, 인간의 욕망은 생존의 욕구, 안
전의 욕구, 소속의 욕구, 인정의 욕구, 자아실현의 욕구 순으로
발달해간다.

낯선 학교로 전학 간 학생을 예로 들어보자. 먼저 먹거리와
잠자리가 제대로 해결되지 않았다면 학교생활 자체가 어려울
것이다(생존의 욕구). 기본적인 생활이 해결되었을 때, 학생이
학교에서 부딪히는 제일 큰 문제는 자신이 혹시 '왕따'당하지
않을까 하는 두려움이다(안전의 욕구). 며칠이 지나도 자기를
괴롭히는 친구가 없다는 사실이 확실해지면, 이제는 외로움이
고개를 든다. 밥을 같이 먹고 숙제도 같이 하며 고민을 나눌 수

있는 친한 친구가 있었으면 좋겠다(소속의 욕구). 시간이 더 흘러 친구가 생기고 스스럼없이 어울릴 수 있는 또래 집단이 생기면, 그때부터는 또 다른 욕망이 마음을 괴롭히기 시작한다. 단순히 친근한 데서 그치지 않고 사람들에게 인정받고 싶어지는 것이다(인정의 욕구). 나아가 누구나 자신을 인정할 정도로 성공하고 나면, 이제는 자신을 완전하게 실현하고 싶은 욕망 때문에 자신이 가장 가치를 두는 일에 몰입하게 된다(자아실현의 욕구).

매슬로의 이론으로 볼 때, 테일러리즘은 생존과 안전의 욕구만으로 인간을 다루려는 미숙한 방법에 지나지 않는다. 생계의 안정을 위해 아등바등하는 사람들에게는 테일러식의 강제가 효과를 볼 수 있겠다. '먹고살기 위해 하는 일'은 아무리 괴로워도 참고 견딜 수 있다. 그러나 삶의 목적은 단순히 살아남는 데 있지 않다. 더구나 인간은 끊임없이 삶의 의미를 찾는 존재다.

소속의 욕구 단계에 이르면 테일러식 강제의 약효는 더 이상 먹혀들지 않는다. 사람의 마음을 억지로 살 수 없기 때문이다. 사람들에게서 인정받는 것은 더더욱 그렇다. 그래서 성공과 출세를 위해 강제와 인내의 세월을 견딘 사람들은 흔히 소속의 단계에 이르러 좌절에 부딪히곤 한다. 돈이나 지위를 이용해서 상대를 어르고 협박할 수는 있을지 몰라도, 진실한 마음은 얻기 어려운 탓이다.

사람은 누구나 상대가 나를 이용할 수단으로서가 아니라 사랑하는 대상 자체로 대해주기를 원한다. 그러나 사람들과 공감할 수 있는 감성과 존경받을 만한 인격은 하루아침에 만들어지지 않는다. 상대의 상처를 공감하고 보듬을 줄 아는 바람직한 인격은 숱한 시행착오와 실수를 겪고 나서야 비로소 만들어진다.

진정한 자유인이 되는 법

강제보다 자유가 바람직한 이유는 바로 여기에 있다. 자유는 강제를 참고 견딘 대가로 얻어지기보다는 생활을 통해 길러지는 것이 바람직하다. 병영국가 스파르타는 펠레폰네소스 전쟁을 통해 오랜 숙적 아테네를 마침내 무너뜨렸지만, 그 결과는 자신의 몰락으로 이어졌을 뿐이다. 이처럼 억압과 강제라는 '인고의 세월'을 견딘 대가로 얻은 자유는 그것을 제대로 누릴 능력을 함께 갖추지 않은 한, 불행과 예속으로 이어진다.

누구도 평생 강제 속에서 살고 싶어 하지 않는다. 따지고 보면, 강제는 자유인이 되기 위한 수단이다. 교육과 준비 과정에서는 누구도 원하는 것만 해서는 원하는 것을 이룰 수 없다. 그러나 욕구를 다른 사람이 강제로 억누르는 것과 스스로 자제하는 것 사이에는 큰 차이가 있다. 자유를 누리며 '자율'을 배운 사람은 강제를 통해 성취의 열매만을 거둔 이들보다 더 깊고 온전한 자유인이 될 수 있다. 이 점에서 자유는 수단으로서도 강제보다 더 낫다.

일 안 하고
돈만 받는 사람은
비겁한가?

"가난한 사람들이 사회에 기생하게 해서는 안 된다고?
그렇다면 왜 부자들은 그래도 된단 말인가?"

_비베스

・・・

놀고 먹는 삶

1930년, 경제학자 존 케인스(John Maynard Keynes)는《우리의 후손들을 위한 경제적 가능성》이라는 책에서 이렇게 말한다. 경제가 꾸준히 좋아진다면, 2030년에는 사람들이 필요한 모든 것들을 갖추게 된다. 그때는 어떻게 하면 남는 시간을 기분 좋고 지혜롭게 보낼지가 유일한 고민거리일 것이다.

케인스의 예언은 절반만 맞았다. 그의 말대로 이제 물자는 곳곳에서 넘쳐난다. 적어도 지금은 생산량이 부족해 고민인 경우는 별로 없다. 그래도 대부분의 사람은 여전히 가난하다. 왜 그럴까? 기계가 발전할수록 노동자들은 일터에서 내몰린다. 굳이 사람이 없어도 되는 까닭이다. 이럴수록 땅과 가게, 공장을 가진 사람들은 더욱 부자가 된다. 노동자들에게 주던 임금을 아낄 수 있기 때문이다. 반면에 돈줄이 끊긴 노동자들은 점점 가난해진다.

빈부 격차는 우리 시대의 가장 큰 고민거리 가운데 하나다. 경제학자 토마 피케티는 《21세기 자본》이라는 책에서 'R 〉G'라는 유명한 공식을 앞세운다. 이는 자본 수익률이 경제성장률보다 항상 크다는 뜻이다. 즉 재산에서 나오는 이자 등의 수입이 일과 생산을 통해 얻는 수익보다 언제나 높다. 이쯤 되면 왜 우리 사회에서 '금수저, 흙수저 논란'이 벌어지는지 이해가 될 듯싶다. 가진 것 없는 집안에서 태어난 사람은 아무리 노력해도 이미 많은 것을 가진 이들을 따라잡기 어렵다.

이 때문에 최근에는 '기본 소득제(basic income)'를 실시해야 한다는 주장이 곳곳에서 나오고 있다. 이 제도는 일을 하건 하지 않건, 정부가 모든 사람들에게 매달 생활비를 나눠주는 제도다.

어차피 기계가 인간의 일을 점점 대신하기에 일자리는 좀처럼 늘지 않는다. 따라서 물건을 살 사람들도 갈수록 줄어들고, 경제는 나락으로 떨어지고 만다. 상황이 이렇다면, 세금으로 거둔 돈을 사람들에게 그냥 나눠주는 편이 낫지 않을까? 사람들이 물건을 사서 경제가 돌아가게 하려면 이 방법밖에 없을 듯하다.

그런데 일도 하지 않고 소득을 챙겨도 괜찮을까? 한창 잘나가던 시절의 로마는 '빵과 서커스'로 시민들의 불만을 잠재웠다. 식민지에서 값싼 농산물이 수입되자 로마의 농부들은 경쟁력을 잃었다. 권력자들은 소득이 없는 시민들을 다독이기 위해 빵을 공짜로 나눠주었다. 또한 딴생각을 못 하게 하느라 끊임없이 검투사 시합(서커스) 등을 벌였다. 그래서 전성기 로마에는 놀고먹는 이들이 적지 않았다. 하지만 로마는 결국 타락했고 몰락의 길로 접어들었다.

기본 소득제도 결국은 '빵과 서커스' 같은 제도 아닐까? 놀고먹어도 돈을 받는다는 생각이 일하고자 하는 마음을 사라지게 하지 않을까? 과연 노동 없는 수입은 정당한가?

인격이 아니라 수입이 문제다

19세기 말, 캘리포니아 증기선의 특실 손님들은 점잖았다. 특실 식당 칸의 사람들은 서로 양보하며 품격 있게 행동했다. 일반실 분위기는 전혀 달랐다. 음식 앞에서 사람들은 서로 밀쳐대며 서둘렀다. 특실 식당이나 일반실 식당이나 언제나 음식은 충분했다. 그런데도 일반실 식당 칸에서는 언제나 식사를 못한 사람들이 생겼다. 왜 그랬을까?

《진보와 빈곤》에서 헨리 조지(Henry George)는 그 이유를 이렇게 설명한다. 특실 식당에는 자기 좌석이 지정되어 있었다. 따라서 남과 자리를 다툴 필요가 없다. 반면에 일반실 식당은 늘 자리가 부족했다. 그래서 승객들은 빨리 가서 자리를 맡아야 했다. 게다가 붐비는 식당은 사람들을 불안하게 했다. 혹시 음식이 떨어질지 몰라 사람들은 그릇에 더 많은 음식을 담았다. 불안이 탐욕을 부르고, 탐욕이 부족을 낳는 모양새였다.

헨리 조지는 특실과 일반실의 모습은 손님들의 인격 차이에서 비롯된 것이 아니라고 잘라 말한다. 처지가 달라지면 사람들의 생각과 행동도 달라지게 마련이다. 살림살이가 팍팍하면 화도 쉽게 나고 말투도 상스러워지기 십상이다. 반대로 생활이 여유로울수록 표정에는 배려와 자신감이 넘친다. 사회는 늘 거칠고 삭막하다. 세상을 좀 더 살 만하게 만들고 싶다면, 사람들이 불안을 느끼지 않게끔 모두에게 일정한 소득을 안겨주는 게 어떨까?

그래서 헨리 조지는 가진 사람들의 돈을 거두어 가난한 자들에게 공평하게 나눠주어야 한다고 소리를 높였다. 처음 이런 말을 들을 때는 황당하게 느껴질지도 모르겠다. 하지만 놀랍게도 돈 많은 자의 편에 선 경제학자들 역시 헨리 조지와 비슷한 주장을 편다.

자유주의도 기본 소득제를 지지한다

경제학자 밀턴 프리드먼(Milton Friedman)은 '음의 소득세(NIT, Negative Income Tax)'를 앞세웠다. 사회의 평균 수입보다 적게 버는 사람들에게는 소득세를 받는 대신, 정부가 보조금을 주어야 한다는 주장이다. 그는 정부의 간섭을 최소화해서 모든 것을 시장이 알아서 하게 해야 한다고 믿는 자유주의자였다. 그런데도 왜 그는 정부가 나서서 가난한 자들을 도와야 한다고 생각했을까?

무엇보다 사람들에게 먹고살 만큼 소득이 있어야 경제가 무리 없이 돌아가기 때문이다. 물건을 살 사람이 없다면 경제는 무너져버린다. 그러니 정부라도 나서서 시민에게 최소한의 수입을 보장해주어야 한다. 뿐만 아니라 정부는 일만 생기면 이를 핑계 삼아 스스로 몸집을 불리는 습성이 있다. 예컨대 가난한 사람을 도울 일이 생기면 이를 위한 조직을 만들고 일할 공무원을 뽑는 식이다. 나아가 시행할 정책의 효과를 조사한다는 이유로 또다시 부서를 만든다. 이러다 보면 실제 필요한 일에 드는 예산만큼이나 관련 조직을 꾸리고 공무원에게 봉급을 주는 데 만만찮은 돈이 들어간다. 이렇듯 정부 일에는 배보다 배꼽이 커지는 경우가 적지 않다.

상황이 이렇다면 정부가 일을 크게 벌이기보다, 아예 모든 사람들에게 똑같은 액수의 돈을 나눠주는 편이 더 낫지 않을까? 이것이 프리드먼 같은 자유주의 경제학자들이 기본 소득제를 바람직하게 여기는 이유다.

부자들은 기생해도 된단 말인가?

일자리는 줄고 빈부 격차도 심해지는 상황에서 이제 기본 소득제는 못 가진 자들에게도, 가진 자들에게도 호소력 있는 '정책'으로 떠오르고 있다. 그러나 여전히 기본 소득제에는 마음 불편하게 하는 면들이 적지 않다.

왜 일하지도 않은 사람들이 땀 흘려 일한 자들과 똑같은 혜택을 누려야 한단 말인가? 놀고먹어도 사는 데 필요한 돈을 얻는다면 누가 일하려 하겠는가? 기본 소득제는 사람들을 게으르고 무능하게 만드는 제도 아닌가?

하지만 기본 소득제 아이디어를 세상에 처음 내놓은 철학자 비베스의 생각은 전혀 달랐다. 그는 이렇게 말한다.

(돈을 그냥 나눠줌으로써) 가난한 사람들이 사회에 기생하게 해서

는 안 된다고? 그렇다면 왜 부자들은 그래도 된단 말인가?

부자들 가운데는 물려받은 재산으로 놀고먹는 이들이 적지 않다. 그들은 이렇게 살아도 되지만, 먹고사는 데 허덕이는 이들에게 돈을 나눠주는 것은 안 된다는 논리에는 문제가 없을까? 자연은 우리 가운데 누구를 콕 짚어 "너만 가져라."라며 물과 공기, 땅과 자원을 주지 않았다. 우리 모두에게는 자연이 준 것을 누릴 권리가 있다. 그뿐만 아니라 우리는 모두 사회에서 생산된 것을 함께 누릴 자격이 있다. 경제학자 조지 콜은 이렇게 말한다.

"우리 시대의 생산 능력은 지금 사람들의 노력과 인류가 쌓아온 과거의 유산이 함께한 결과물이다. ······ 모든 시민은 우리에게 주어진 공동 유산을 함께 누릴 권리가 있다."

한마디로 일을 했건 안 했건 우리가 사회로부터 생활비를 받아도 되는 이유는 충분하다는 뜻이다.

과연 기본 소득제는 바람직한가?

2016년 4월, 국회 입법조사처는 "최근 기술 발달에 따른 일자리 감소는 현재의 사회보장제도로는 대응하기 힘든 위기"이므로, "기술 발달에 따른 구조적인 일자리 감소에 대응할 수 있는 방안 중 하나로 기본 소득에 대한 논의를 시작할 시점"이라고 주장했다. 기본 소득제를 정당한 제도로 검토할 필요가 있음을 인정한 셈이다.

그러나 스위스 국민들은 기본 소득제를 거부했다. 2016년 6월, 모든 성인에게 매달 2500스위스프랑(약 300만 원)을, 미성년자에게는 650스위스프랑(약 80만 원)을 지급하자는 기본 소득제안이 국민투표에서 부결된 것이다. 이렇듯 기본 소득제는 아직도 논란이 많은 제도다. 더욱이 모두에게 최소한의 생활비를 줄 만큼의 재원을 어디서 마련할지에 대한 물음도 끊이지 않는다.

이보다 더 큰 문제는 과연 기본 소득제가 바람직한지 의문이 사라지지 않는다는 점이다. 우리 사회에서 청년실업은 매우 심각한 문제다. 기본 소득제는 젊은이들의 일자리 걱정과 미래에 대한 불안을 덜어준다는 점에서는 바람직하다.

하지만 지금의 젊은이들은 1960~70년대 정부 주도로 일사

일 안 하고 돈만 받는 사람은 비겁한가?

불란하게 경제성장에 매달린 경험이 없다. 민주화를 위해 서로의 어깨를 걸었던 1980~90년대 연대의 경험도 없다. IMF 이후, 치열한 생존경쟁 속에서 살아남기 위해 아득바득했던 기억만 있을 뿐이다.

공동 목표를 향해 함께 나아간 추억도, 연대의 뜨거움도 나눠보지 못한 세대에게 '모두에게 똑같은 수입을 안긴다.'는 기본 소득제는 어떤 의미일까? 가진 것을 서로 나누며 평등하고 정의로운 사회를 만들기 위한 제도로 느껴질까, 단지 가진 것이 없어 미래를 기대할 수 없는 나에게 사회가 안기는 최소한의 보상으로 느껴질까?

똑같은 정책과 제도도 언제, 누구에게 실시하느냐에 따라 전혀 다른 효과를 낳는다. 기본 소득제가 상처와 불안으로 가득한 우리의 젊은이들에게 '빵과 서커스'가 되지 않으려면 어떻게 해야 할지 진지하게 고민해볼 일이다.

이기적인 국가가
조폭보다
나을 게 있나?

진정한 이익과 발전은 적까지
'자기' 범위 안으로 끌어들일 때 이루어진다.

...

국가와 조직폭력배

조직폭력배는 온갖 범죄를 일삼는 암적 존재다. 그러나 그네만큼 도덕을 강조하는 집단도 없다. 극악무도한 조폭일수록 내부적으로는 '정직', '신의', '충성' 등의 윤리 미덕이 강조되곤 한다. 만약 돈을 떼먹거나 '조직의 법'을 어기고 제멋대로 행동하는 조직원이 있다면, 그는 자신의 부도덕과 방종의 대가를 철저히 치러야 한다.

정도의 차이만 있을 뿐, 이 점은 어떤 단체나 사회에서도 똑같다. 님비(NIMBY) 현상에서도 조폭 내부의 논리를 찾아볼 수 있다. 사회적 관점에서 님비는 치졸한 집단 이기주의에 지나지 않는다. 그러나 이기심으로 똘똘 뭉친 집단도 내부를 단속할 때는 도덕 윤리를 앞세우곤 한다. 비겁하게 물러서거나 신의를 배신한 구성원은 가차 없이 비난의 대상이 되곤 한다. 우

나는 이 질문이 불편하다

리 눈에는 국익이야 어찌 되건, 자기 지역구를 위해서라면 주먹다짐까지 마다하지 않는 일부 국회의원이 한심해 보일 수 있다. 하지만 정작 대변하는 이익집단에서 그는 '다수의 폭압에 맞서 자유와 권리를 수호하는' 영웅으로 칭송받는다.

따지고 보면 애국심 또한 님비의 논리에서 크게 벗어나지 않는다. 원나라에서 목화 씨앗을 몰래 들여온 문익점은 우리나라에서 도둑이 아니라 현자로 칭송받는다. 그러나 오늘날 국내 기업의 반도체 기술을 다른 나라의 어떤 기업이 훔쳐 갔다면, 범죄행위로 간주해 마땅히 비난과 처벌을 받을 것이다.

약육강식이 지배하는 국제 관계에서 한 나라는 때로 '자국의 이익을 위해' 다른 국가를 침략하곤 한다. 이때 군인은 상대국 병사를 많이 죽이면 죽일수록 용맹하고 애국심 강한 병사로 대접받는다. 그러나 '우리 집의 이익을 위해' 옆집 식구에게 칼을 들이밀었다면? 이는 잔혹한 범죄일 뿐이다.

미국의 신학자 라인홀드 니부어는 《도덕적 인간과 비도덕적 사회》에서 도덕적 인간으로 구성된 사회도 얼마든지 비도덕적 집단일 수 있다고 말한다. 양심적이고 성실하며 친절하기까지 한 일본 국민을 떠올려보라. 개인적으로 보면 그네 대부분은 아주 좋은 사람들이다. 그러나 일본 제국주의는 이런 선량한 시민이 모여 이루어졌다. 부정 없고 헌신적인 제국의 관료는 그 자체로는 최고의 모범이겠지만, 그들이 모인 조직은 다른 나라 사람을 괴롭히고 착취하는 데 기여했을 뿐이다.

여기서 당연히 다음과 같은 의문이 든다. 과연 조폭과 국가의 차이는 무엇일까? 물론 보스가 폭력으로 권력을 잡은 조폭 집단과 민의(民意)에 따라 정당한 절차를 거쳐 정권을 잡은 민주국가의 차이는 크다. 하지만 만약 조직원의 자발적인 의사에 따라 두목을 선출한 조직폭력배가 있다면? 이들과 국가 사이에는 무슨 차이가 있을까? 자기들의 이익을 위해서라면 외적으로는 폭력도 서슴지 않으면서도, 내부적으로는 도덕과 규율을 강조한다는 점에서는 똑같지 않은가?

이렇게 본다면 조폭과 국가의 차이는 집단의 규모밖에 없는 것 같다. 조폭은 소수 건달들의 이익집단일 뿐이지만, 국가는 국민 전체를 구성원으로 하는 이익 공동체라는 차이. 그렇다면 국가는 최대의 조폭 집단일 뿐인가?

도덕적으로 옳다는 것

명분을 앞세우지 않는 전쟁은 없다. 예컨대 어떤 나라가 석유가 탐나 다른 국가를 침략했다 해도, 공식적으로 내세우는 이

유는 항상 고상하기 그지없다. 억압받는 그 나라 시민의 해방
이라든지, 정의 실현 등으로 말이다.

님비 현상도 다르지 않다. 자신의 밥그릇을 위해 싸운다고
정정당당하게(?) 외치는 집단은 없다. 집값이 떨어져서가 아
니라 '환경을 보호하기 위해서' 우리 동네에 화장터가 들어서
서는 안 되고, '시민의 권리를 위해서' 공공 노조가 파업한다는
식이다. 심지어 건달 세계에서도 명분은 중요하다. '의리를 저
버린 ××파를 응징한다.'라는 식의 그들만의 대의(大義)는 주
먹이 흔히 내세우는 폭력의 이유다.

왜 힘으로 이길 수 있는데도 귀찮게 도덕과 명분을 자꾸만
들이대는 것일까? 여기서 우리는 도덕 윤리가 지닌 힘을 찾을
수 있다. 도덕적이지 못한 집단은 아무리 강해 보여도 결국 무
너진다. 완력을 써서 억지로 상대를 누른 뒤에는 누구도 발 뻗
고 잘 수 없다. 불만이 가득한 상대는 조금만 틈을 보여도 맞서
려 할 것이기 때문이다. 그뿐 아니다. 내가 힘으로 세상을 차지
했다면 남들도 그렇게 하지 못하리란 법이 없다. '만인에 대한
만인의 투쟁 상태'에서는 그 어떤 지배자일지라도 가장 비천
한 이와 똑같이 불안에 떨 수밖에 없다. 반면에 도덕적으로 정
당한 집단에는 섣불리 도전하기가 어렵다. 만인의 지지를 받
고 있기 때문이다. 수백 년을 지탱해온 왕조가 골골하면서도

쉽게 무너지지 않는 이유는 여기에 있다.

이처럼 윤리적 명분은 권력이나 군사력 못지않게 중요한 자산이다. 그래서 독재국가와 침략자는 자신의 도덕적 정당성을 만들어내는 데 상당한 노력을 기울인다. 과거 일본 제국주의는 서구의 침탈에 맞서기 위해 일본을 중심으로 아시아가 단결해야 한다며 '대동아공영권(大東亞共榮圈, 일본을 중심으로 함께 번영할 동아시아의 여러 민족과 그 거주 범위라는 뜻으로, 태평양전쟁 당시 일본이 아시아 대륙 침략을 합리화하기 위해 내건 정치 표어)'을 내세웠고, 나치스 독일은 '우수한 아리안족이 지배하는 제3제국 건설'을 목표로 내세웠다.

그러나 아무리 도덕 윤리로 포장한다 해도 본래 사악한 집단의 의도는 탄로 나게 되어 있다. 대동아공영권은 결국 모든 민족이 일본의 발아래 복종해야 한다는 지극히 이기적인 생각에 지나지 않았다. '우수한 아리안족' 역시 그때까지 유럽의 3등 시민에 지나지 않았던 독일 민족의 열등감에 불을 지피려는 모토였을 뿐이다. 히틀러의 통치는 이미 인류 최고의 범죄로 판명 났다.

조폭과 정당한 집단의 차이는 여기서 판가름 난다. 조폭은 결국 자신의 이익을 위해 뭉친 폭력 집단에 지나지 않는다. 이들은 남들에게 해를 끼침으로써 이익을 얻는다. 그러나 정당한 사회는 자신뿐 아니라 다른 이에게도 이롭다. 일본 제국주의와 나치스 독일은 국가 형태를 띠었지만, 사실 거대한 조폭 집단에 지나지 않았다. 올곧은 도덕적 정당성은 집단을 유지하는 데 가장 중요한 덕목이다.

이기주의는 잘못이 없다

사실 이기주의 자체가 나쁜 것은 아니다. 사람은 누구나 자기 이익을 추구한다. 집단도 마찬가지다. 사람들은 이익에 따라 모여서 사회를 이룬다. 그러나 이기주의는 남들과 관계할 때 문제가 생긴다. 나의 이익이 상대방과 충돌할 때 갈등이 생기고 다투는 일이 발생하기 때문이다.

영국의 철학자 밀은 《자유론》에서 '타인 위해의 원칙(harm to others principle)'을 내세운다. 남에게 해를 끼치지 않는 한, 누구나 자유롭게 자신의 이익을 추구할 권리가 있다는 뜻이다. 그러나 사회생활에서 자신의 이익이 상대에게 해가 되는 경우는 많다. 경쟁을 떠올려보라. 내가 경기에서 이기면 상대는 진다. 부존자원은 항상 제한되어 있는 법. 이웃 나라가 목 좋은 땅을 차지하면, 그 옆 나라는 큰 손실이 아닐 수 없다. 이기적인 개인 사이에는 끊임없이 충돌이 일어난다. 집단도 마찬가지여서, 이권을 두고 단체와 단체 사이에는 갈등이 생기곤 한다.

그러나 우리는 다른 사람을 꼭 경쟁 관계로만 만나지는 않는다. 사람은 홀로 살아갈 수 없다. 숱한 경쟁자가 사라지면 행복할 것 같지만, 막상 홀로 살아남았을 때 찾아오는 것은 허무와 부패, 몰락뿐이다. 모두가 희망을 잃고 원망의 눈초리로 자신을 바라보는 상태에서 과연 행복을 느낄 사람이 있을까? 시장에서 독과점은 몰락의 징조다.

이 점은 제1·2차 세계대전 이후 패전국 처리를 비교하면 분명히 드러난다. 제1차 세계대전이 끝나고 프랑스 등 전승국은 '전범국'인 독일이 도저히 감당할 수 없을 정도로 무거운 전쟁 배상금을 물렸다. 그러나 그 결과는 독일의 재무장과 잔혹한 복수로 나타났다.

여기서 교훈을 얻은 제2차 세계대전 연합국은 전혀 다른 방식으로 패전국인 독일, 일본을 처리했다. 처벌하기는커녕 오히려 거액의 원조를 통해 자신의 경제권 안으로 두 나라를 끌어들인 것이다. 독일과 일본은 목숨 걸고 싸웠던 '원수' 미국의 도움으로 국제 무대에 복귀했다. 이 두 나라는 지금까지도 미국의 가장 든든한 우방으로 남아 있다. 이처럼 진정한 이익과 발전은 적까지 '자기' 안으로 끌어들일 때 이루어진다.

진정한 이기주의는 이타주의에 다름 아니다. 주변이 잘살면 자신도 득을 볼 가능성이 높아진다. 세계는 무섭게 성장하는 중국 경제를 우려의 눈초리로 바라보지만, 동시에 각국은 중국 덕택에 이득을 누린다. 중국의 발전은 우리 경제의 호황으로 이어지며, 우리의 과학기술이 발전할수록 생산 기지인 중국 역시 혜택을 본다. 이처럼 자기 이익을 제대로 추구하면 할수록, 우리는 점점 이타적인 마음과 열린 생각을 가지게 된다.

정당한 집단 이기주의로 가는 길

이 시점에서 우리는 민족이라는 개념에 대해서도 다시 생각해 보아야 한다. 일제에 국권을 빼앗긴 기억이 있는 데다가, 분단 상황에 놓인 우리에게 민족이란 논란의 여지가 없는 지고(至高)의 개념이다. 김구는 《백범일지》에서 "철학도 변하고 정치, 경제의 학설도 일시적인 것이나 민족의 혈통은 영구적이다."라고 말했다. 단재 신채호 이래로 우리에게 '국사(國史)'란 곧 민족사였다.

하지만 민족이란 역사를 넘어선 영원히 변치 않는 개념이

이기적인 국가가 조폭보다 나을 게 있나?

아니다. 오히려 민족이란 역사를 통해서 형성된 이념에 지나지 않는다. 팔레스타인 지역에 살던 사람들은 이스라엘이 세워진 뒤 쫓겨났을 때 비로소 '팔레스타인 민족'으로 거듭났다. 반면에 19세기 '독일 민족', '이탈리아 민족' 등으로 쪼개졌던 유럽 각국은 '하나의 유럽'으로 살림을 꾸리고 있다.

민족이 국가를 이루는 근본이념일 때, 나라 사이의 관계는 집단 이기주의의 충돌로 흐르기 쉽다. 그러나 민족을 넘어서 세계는 하나이며, 우리는 모두 세계 시민이라고 생각할 때는 어떨까? 정치·경제적으로 밀접한 세상에서는, 내가 속한 나라의 이익과 다른 국가의 이익을 완전히 가르는 일은 무리다. 세계는 대립할 때보다 힘을 합칠 때 더 살기 좋은 구도로 바뀌고 있다.

니부어는 도덕적 인간이 모인 사회도 얼마든지 비도덕적 집단일 수 있다고 말했다. 그러나 도덕적인 세계 시민으로 이루어진 세상은 절대로 비도덕적일 수 없다. 집단 이기주의는 자신만의 행복을 좇지만, 결국 행복은 행복한 이들 속에서만 답을 찾을 수 있기 때문이다.

내가 받은 상처를
똑같이 되돌려주는 게
나쁜 일일까?

"눈에는 눈, 이에는 이."

_함무라비 법전

...

피해자의 편은 없다

"눈에는 눈, 이에는 이"라는 함무라비 법전의 구절은 모든 관계의 본질을 꿰뚫는 핵심이다. 나한테 호의를 베푼 사람에게는 보은의 감정이 생기는 반면, 피해를 준 자에게는 보복하고 싶은 욕망이 인다. 줄기차게 상대의 호의만 받으면 왠지 빚진 것같이 마음이 불편하다. 항상 당하기만 해도 마찬가지다. 상대가 나를 구박하거나 이용해 먹는 것 같아서다. 은혜는 갚고 원한은 되돌려주어야 우리는 비로소 공정하다고 느낀다. 서로 주고받은 것이 더하고 빠져 '제로'에 가까울 때 마음이 편해진다는 뜻이다. 함무라비 법전의 명구(名句)는 이러한 인간관계의 핵심을 한 줄로 보여준다.

"눈에는 눈, 이에는 이"는 최고의 생존 전략이기도 하다. 1970년대 미국의 정치학자 로버트 액설로드는 서로 갈등하는 상황을 설정해놓고 프로그램들끼리 경쟁시키는 컴퓨터 시뮬레이션 실험을 진행했다. 어떤 식의 대응 방식이 가장 효과적인지를 알아보기 위해서다. 그 결과 최후의 승자는 '되갚음(tit for tat)' 프로그램이었다. 되갚음의 원리는 아주 간단했다. 자신에게 도움을 주는 프로그램에는 자기도 호의적으로 대하고, 적대적인 프로그램에는 외면하거나 맞대응하는 식이다. 항상 호전적인 프로그램은 큰 이익을 얻을 때도 있었지만, 결국은 적이 많아져서 몰락하고 말았다. 반면에 무조건 상대에게 이로움만 주는 프로그램은 자신을 배신하고 해를 끼치는 프로그램을 당해내지 못했다. 결국 되갚음 프로그램의 승리는 "눈에는 눈, 이에는 이"의 대처 방식이 생존에 가장 유리하다는 사실을 입증한 셈이다.

그러나 응징과 폭력은 다르다. 세상에는 응징을 내세우는 폭력이 너무 많다. 예컨대 테러 집단은 강대국이 자국민을 많이 죽였기 때문에 인질을 납치해서 살해한다고 주장한다. 하지만 이것은 보복일 뿐이다. 보복은 폭력에 지나지 않는다. 피해국은 자국민을 죽인 사실에 대해 가해국에 충분한 해명과 보상을 요구할 권리가 있다. 그렇다고 해서 피해국이 상대 나라의 시민을 죽일 권리는 없다. 이는 마치 도둑을 잡아놓고 그 '응징'으로 도둑의 집을 털어야 한다고 주장하는 것과 마찬가지다. 응

내가 받은 상처를 똑같이 되돌려주는 게 나쁜 일일까?

징은 상대에 대한 보복을 의미하지 않는다. 무너진 질서를 다시 찾는 것, 그게 응징의 진정한 의미다. 형벌의 목적은 가해자가 마땅히 받아야 할 손해를 감당하게 해서 다시는 도둑질을 못 하게 하는 데 있다. 적어도 문명국가의 생각은 이렇다.

하지만 이 경우 피해자가 받은 마음의 상처는 누가 갚아준단 말인가? 피해자에게 보복할 권리를 주어야 정당하지 않은가? 이것이 진정 피해자 입장에서 질서와 정의를 바로 세우는 길 아니겠는가? 그런데 왜 문명국가는 '보복할 권리'를 인정하지 않을까? 국가가 나서서 '징벌'할 뿐, 가해자를 파멸로 몰아넣지는 않는다. 왜 그럴까? 문명국가의 이러한 조치는 올바른가?

복수할 권리

에모리 대학 동물행동학자 프란스 드 발의 실험에서, 카푸친원숭이들은 이유 없이 먹을 것을 차별하여 나눠주는 상황이 생기자 크게 화를 냈다. 공정함에 대한 감각은 유인원에게도 있다. 부당한 일을 당할 때 느끼는 언짢음도 마찬가지다. 마땅히 받아야 할 것을 얻지 못할 때의 언짢음, 억울한 일을 당할 때 느끼는 분노는 본능에 가깝다. '정의감'이란 이 둘을 뿌리 삼아 돋아난 감각이다.

동물은 자신의 처우에 대해서만 부당함을 느낀다. 하지만 인간의 정의는 자기를 넘어 세상으로 향한다. 예컨대 심각한 내전이 일어난 나라에서 굶어 죽는 어린아이를 보면 측은함과 화가 치민다. 왜 그럴까? 아이가 그런 고통을 당할 이유가 없는 탓이다.

정의를 무너뜨린 사람을 접했을 때, 사람들은 자신에게 '응징할 권리'가 있다고 느낀다. 부당한 대우나 올곧지 못한 이익은 처벌받아야 옳다고 생각한다는 뜻이다. 영화를 보다가 고통받는 피해자를 보면서 범인을 능지처참해야 한다고 울분을 토했던 경험은 누구나 있을 것이다. 우리는 누군가를 아프게 한 이는 똑같은 아픔을 겪어야 한다고 여긴다.

이 점에서 복수는 사람들의 공감을 산다. "눈에는 눈, 이에는 이"라는 함무라비 법전의 유명한 문구는 우리 마음속의 '정의 본능'을 정확히 보여준다. 21세기에 들어서도 일부 국가에서는 흉악범을 공개 처형하곤 한다. 이를 보면서 부러워하는 이들도 사실 적지 않다. 할리우드 영화에서 잔인하게 박살나는 악당의 최후를 보면서 통쾌함을 느끼는 것과 마찬가지다. 죗값을 제대로 치르게 하려면 잘못한 자에게 꼭 그만큼의 고통을 느끼게 해야 한다. 복수는 정의를 바로 세우는 당연한 행동이다.

그 방법은 정의로운가

그러나 문명국가에서 사적 복수를 허락하는 경우는 없다. 의로운 생각이 꼭 정의로운 행동으로 이어지지는 않는다. 악을 응징하는 일이 사실 또 다른 폭력에 지나지 않는 경우도 많다. 살해당한 사람의 유족이 살인자를 잡아 목매달았다고 해도 죽은 사람이 살아 돌아오지는 않는다. 살인자에게 똑같은 고통을 안겼지만, 사라진 생명이 하나에서 둘로 늘어나는 결과만 낳았을 뿐이다.

더구나 복수는 보복으로 변해 돌고 도는 특성이 있다. 르완다 내전 당시 후투족은 투치족을 죽였고, 투치족은 다시 후투족을 죽였다. 자기 입장에서는 응징이지만, 제삼자의 눈에는 의미 없는 폭력의 반복일 뿐이다. 누구의 마음도 치료하지 못하며 형편을 나아지게 하지도 못한다. 남에 의해 무너진 자신의 정의를 바로잡으려 할수록 불의와 파괴로만 향한다. 상처를 되돌려주는 방식으로 복수해서는 결코 정의를 세울 수 없다. 잘못에는 마땅한 대가를 치르게 해야 한다. 그렇지 않으면 정의는 쉽게 무너져버린다. 이런 상황에서는 누구도 안전하고 편안한 삶을 살 수 없다. 얕은수와 폭력으로 큰 이익을 챙겼다 해도, 더 힘세고 영리한 이가 그 행복을 다시 뺏어가기 때문이다.

그래서 문명국가에서는 꼭 필요한 복수를 국가가 나서서 대신해준다. 나라 안에서 응징할 수 있는 권리는 오직 국가에만 있다. 국가는 보복이 폭력이 되지 않도록 세심하게 배려한다. 상처받은 마음은 상대에게 더 큰 아픔을 되갚고 싶은 욕망에 사로잡힌다. 하지만 국가는 정확히 그 피해만큼만 잘못한 자에게 되돌려주는 길을 택한다. 국가는 피해자가 아니라 제삼자 입장에서 판단을 내린다. '당한 사람이라면 어떻게 할까.'가 아니라, 사건과 관계없는 사람이 볼 때 과연 정의롭다고 여길지에 신경 쓴다는 뜻이다. 그래서 법으로 복수의 수준과 방법을 정하고 꼭 그만큼만 하도록 제한한다.

이 점에서 국가와 법은 신이나 자연의 섭리와 같은 위치에서 복수를 바라본다. 인도 사상의 '업보(業報, karma)' 개념은 법의 정신과도 통한다. 잘못을 저지르면 죄의 무게가 나에게 씌워지며 언젠가 그 대가를 치러야 한다. 하지만 짓지 않은 죄에 대해서까지 내가 피해보는 일은 없다. 법도 그렇다. 잘못했으면 꼭 그만큼의 고통을 당하고 보상해야 한다. '선한 업보'를 쌓듯 말이다. 그러나 법은 또 다른 원한이 마음속에 생길 정도로 죄 이상의 고통을 요구하지는 않는다. 적어도 '정의로운 법'은 그렇다.

신의 뜻을 빌려서

안타깝게도 복수심에 불타는 인간의 영혼은 공평하고 정의로운 법의 정신을 쉽게 저버린다. 역사상 '신'은 앙갚음의 피해를 더 깊고 오래가게 하는 장치가 되어버리곤 했다. 나치스 군대의 허리띠 버클에는 "신이 우리와 함께하신다."라는 문구가 새겨졌다. 정의로운 신의 섭리가 자기편에 섰다고 여기는 순간, 보복은 상상할 수 있는 수준을 넘어서버린다. 역사상 가장 잔혹한 사건으로 꼽히는 30년 전쟁(17세기 독일에서 프로테스탄트와 로마 가톨릭 간에 벌어진 종교전쟁) 당시 보병장 카스피어 부름프저는 죽음에 이르러 이렇게 고백했다고 한다.

> 나는 416명의 남자와 928명의 여자, 그리고 56명의 죄 없는 아이를 죽였다. 전투에서 죽인 전사의 수는 이루 셀 수 없고, 500

채의 농가를 불태웠으며, 800명의 처녀를 강간했다. 그렇지만 나는 구원받을 것이다. 단 한 차례도 신의 뜻을 거스르지 않았으며 신의 말씀을 어긴 적도 없기 때문이다.

신은 개인적인 원한을 넘어서 객관적으로 잘잘못을 가려내는 기준이 된다. 신앙을 가진 이들이 죄를 지을 때 멈칫하는 이유는 여기에 있다. 자신에게 유리하더라도 신이 다르게 생각한다면 선뜻 악행을 저지르지 못한다. 그러나 사회의 높은 권위가 보복이 곧 법의 정신임을, 나아가 '신의 뜻'임을 인정하는 순간 자제심은 사라져버린다.

나치스가 바로 그랬다. 아돌프 히틀러는 《나의 투쟁》에서 사회진화론(Social Darwinism)을 편다. 사회진화론에 따르면, 인류 역사는 자연 상태와 마찬가지로 강한 자들만이 살아남는 과정이다. 약한 자를 짓밟고 없애버리는 일은 자연의 섭리일 뿐이다. 그러니 게르만족보다 열등한 인종인 유대인이나 집시를 '궁극적으로 해결'해버리는 일은 제대로 된 진화 과정일 뿐이다. 죄책감이 들 리 없다.

지금도 우리는 뉴스에서 현대판 보병장과 히틀러를 숱하게 보곤 한다. 시장 한복판에서 폭탄을 터뜨려 죄 없는 이들을 죽인 사람들을 '순교자'로 존경하고, 테러리스트를 가혹하게 고

문한 군인들을 지지하는 자들은 세상 어디에나 있지 않던가. 하지만 이렇게 해서 땅에 떨어진 정의가 실현될까? 복수는 원래 정의를 실현하기 위한 것임을 잊어서는 안 된다.

인간적인 되갚음이란

복수에는 평화로운 방법도 있다. 간디(Mahatma Gandhi)는 복수와 테러리즘의 시대에 사는 우리에게 큰 생각거리를 준다. 그는 진정한 보복을 할 줄 알았던 사람이었다. 그의 복수 방법은 '아힘사(ahimsā)', 즉 비폭력이었다. 간디는 "절대로 불의를 불의로 갚아서는 안 된다."고 강조했다. 온갖 수모를 견딘 그는 필요하다면 적을 도울 준비까지 되어 있었다. 또 동료들에게 끊임없이 강조했다. "집요하게 거부하되 폭력 없이 공개적으로 하라." 간디를 따르는 무리는 몽둥이로 때리면 맞았고 모욕을 주면 정중하게 엎드려 받았다. 간디는 말한다. "그들은 폭력을 휘두름으로써 내게 축복을 내린 셈이다. 그들 스스로 정의를 알린 셈이니까."

정의감은 인간의 본능이다. 약하고 죄 없는 사람이 당하는 모습은 사람들의 분노를 산다. 그래서 때리면 때릴수록, 사람들은 더욱 약자에게 관심을 기울이고 폭력을 휘두르는 이에게 비난의 목소리를 높인다. 간디는 폭력을 폭력으로 되갚지 않고 인간의 정의감에 호소하는 방법을 택한 셈이다.

나아가 폭력을 휘두르는 사람들 마음속에도 일말의 정의감은 살아 있다. 보복한 상대가 대들고 일어서면 죄책감은 금세 사라져버릴 테다. 그러나 계속 당하면서도 도리어 때리는 자신을 걱정해준다면 어떨까? 마음이 점점 불편해지며 자신이 뭔가 잘못하고 있는 게 아닌지 반성하게 된다. 간디의 '복수'는 바로 이것이었다. 상대에게 상처나 피해를 주지 않고 정의감에 호소하여 마음을 아프게 하는 방법.

비폭력은 누구에게나 지지를 받는다. 많은 사람들이 보복하지 않고 당하기만 하는 피해자를 동정하며 끝없는 인내에 찬사를 보낸다. 진정한 복수란 이래야 한다. 상대의 정의감에 호소하여 스스로가 무너진 공정에 대한 감각을 회복하게 해야 한다는 뜻이다.

권리는 능력과 함께 온다. 인간에게 정의감을 느끼는 능력이 있다면, 정의를 실현할 권리도 당연히 있다. 불의에 대한 되갚음이 정의라면, 인간에게는 복수할 권리가 있다. 그러나 상대를 파멸로 이끄는 복수는 진정한 복수가 아니다. 결코 정의를 실현하지 못하기 때문이다. 정의는 바람직한 상태의 회복이지, 때린 자와 맞은 자 모두의 몰락을 뜻하지 않는다. 상대의 정의감을 되살려 정상으로 만들려는 보복, 진정 '인간적인' 되갚음과 보복은 이런 것이어야 한다. 간디는 비폭력 저항을 통해 인간에게 주어진 복수할 권리란 무엇인지를 분명하게 깨닫게 한다.

소신을
내세우는 리더는
독재자인가?

질 수 있어야 소신도 빛난다.

...

소신 혹은 똥고집

'창조적 소수'는 늘 고달프다. 창조적인 천재는 '이상'하고 '독선적'이라며 다수에게 왕따당하기 일쑤다. 일상에 찌든 사람들은 그네들의 생각을 받아들이려 하지 않는다. 상업 국가 아테네에서 이익이 아닌 진리를 좇으라고 외친 소크라테스는 사약을 받았고, 모든 사람이 지구가 우주의 중심이라고 믿던 시절에 '지구도 돈다.'고 주장한 갈릴레이는 종교재판에 회부되었다.

'창조적 소수'의 주변 사람들도 피곤하기는 마찬가지다. 상식과 다른 생각은 사람들을 불편하게 한다. '두뇌 구조'도 색다른 데다가 고집까지 센 이가 옆에 있으면 피곤해지는 법이다. 하루하루 일상도 버거운 우리에게, 그들은 끊임없이 생각을 요구하고 가치관과 세계관까지 뜯어고치라고 하지 않는가!

나는 이 질문이 불편하다

그러나 역사는 다른 생각을 소신 있게 펼친 사람들 덕분에 발전해왔다. 인류의 자유와 평화는 맬컴 엑스(Malcolm X)와 같이 불합리한 상식에 맞서 자신의 신념을 외친 사람들을 통해 확산될 수 있었다. 과학 세계에서도 마찬가지다. 학계의 주류 이론을 뛰어넘는 소수의 기발한 의견은 처음에는 무시당하거나 침묵을 강요당하기 일쑤였다. 다윈의 진화론은 《성경》에 반하는 이론으로 강한 저항에 부딪혔지만, 결국 과학의 발전을 이끌었다.

문제는 창조적 소수와 파괴적 소수를 구별하기가 쉽지 않다는 점이다. 고집은 소신일 수도, '똥고집'일 수도 있다. 뚝심을 발휘하여 현실을 좋게 바꾸었을 경우, 고집은 소신으로 추앙받는다. 하지만 소신의 결과가 비참한 파멸로 이어질 경우, 고집은 똥고집, 즉 독단일 뿐이다. 히틀러 같은 독재자들은 나름대로 비전에 대한 강한 확신과 신념을 가졌지만, 자신을 비롯한 숱한 이들을 재앙에 빠뜨린 결과를 낳았다.

그뿐만이 아니다. 역사적 인물의 신념이 소신이었는지, 독단이었는지 해석이 엇갈리는 경우도 많다. 박정희 전 대통령을 경제개발을 일군 뚝심 있는 지도자로 보는 견해가 있는가 하면, 편협한 신념으로 민주주의를 압살한 독재자로 보는 의견도 있다. 북벌론(北伐論)의 기수, 우암 송시열에 대한 해석도 마찬가지다. 어떤 이는 우암을 현실도 모르는 이상주의자로 폄하하지만, 다른 이는 의리와 자존심의 표상으로 치켜세우곤 한다. 그렇다면 과연 뚝심과 독단의 차이는 무엇일까? 우리는 이 둘을 어떻게 구분할 수 있을까?

신념은 어디서 오는가

> 민주주의란 아픈 아이들이 약을 먹을지 사탕을 먹을지를 아이들의 투표로 결정하는 제도다.

소크라테스의 말이다. 민주주의하에서는 어떤 정치가도 국민의 이권으로부터 자유로울 수 없다. 이익집단에 따라 정치는 휘둘리게 마련이고, 개혁은 매번 본질에는 손대지 못한 채 하찮은 부분을 손질하는 데 그치곤 한다. 사회가 혼란하고 변화가 지지부진할수록, 사람들은 신념과 뚝심으로 현실을 타개해나갈 카리스마 넘치는 지도자를 그리워한다. 위대한 정치가와 독재자는 이렇게 지리멸렬하고 혼란스러운 현실에서 탄생한다. 이 둘은 강한 신념과 현실 돌파력이 있다는 점에서 '유사품(?)'같이 보인다. 그러나 그들의 통치 결과는 판이하다. 문제는 시민이 자신의 지도자를 선택할 때 이 둘을 냉철히 구분해내기가 쉽지 않다는 데 있다. 그렇다면 소신 있는 정치가와 독재자는 어떻게 구분할 수 있을까?

먼저 이 둘의 공통점부터 살펴보자. 강한 신념은 대개 이상(理想)에서 뿜어져나온다. 목표와 비전이 확고한 사람들은 결코 눈앞의 이익에 일희일비하지 않는다. 꿈을 이루는 데 엄청난 손실이 따르더라도, 이를 손해라기보다 숭고한 희생으로 달게 받아들인다.

이 점에서 이들은 신앙이 확고한 사람과 비슷하다. 버트런드 러셀은 《나는 왜 기독교인이 아닌가》에서 종교인의 특징을 이렇게 설명한다. 보통 사람들은 설득력 있는 반론이나 증거가 있을 때 이를 받아들이는 것이 올바른 태도라고 여긴다. 그러나 종교인은 자신의 신앙과 반대되는 주장과 사실을 끝까지 거부하는 것이 오히려 '참된 믿음'의 증거라고 생각한다. 이들이 온갖 유혹과 탄압에도 굴복하지 않고 자신의 신앙을 끝까지 지켜낼 수 있는 이유는 여기에 있다. 신념을 가진 정치가와 독재자 또한 그렇다. 이들은 설사 현실이 자신의 이상에 맞지 않는다 할지라도, 타협하기보다는 '불굴의 의지'로 이를 돌파해야 한다고 확신한다.

하지만 이상은 허상(虛想)일 수도 있다. 화려한 꿈에 맞게 현실을 뜯어고치려는 이상주의자의 노력이 현실을 오히려 비참하게 만들 수도 있다는 뜻이다. 모두가 평등한 사회를 만들려 했던 예전 공산주의자들의 노력이, 오히려 그네들의 지배를 받은 나라들을 더 가난하고 부패한 나라로 만들어버렸던 것처럼 말이다. 이 경우 지도자의 소신은 재앙일 뿐이다.

봐야 할 것을 보는 사람

지도자의 참된 신념은 독재자의 광신(狂信)과 어떤 점에서 다를까? 역사를 살펴보면 그 답은 금방 찾을 수 있다. 독재자는 보고 싶은 면만 보지만, 위대한 정치가는 봐야 할 것을 본다. 권력은 오래되고 부패할수록 자신과 반대되는 목소리를 강제로 억누르려고 하는 법이다. 민중의 지지를 등에 업고 탄생한 독재자들 또한 그렇다. 그들은 처음에는 민중의 소리에 민감하게 반응하지만, 시간이 갈수록 자신의 뜻대로 여론을 재단하고 탄압하려 한다.

카를 포퍼는《열린사회와 그 적들》에서, 반증 가능성이야말로 정치를 썩지 않게 하는 가장 큰 힘이라고 보았다. 누구의 견해든 틀릴 수 있다. 따라서 잘못에 대한 지적이 가능하고 이에 대한 합리적인 토론과 대안 모색이 이루어질 때 사회는 발전한다. 위대한 정치가들은 이 점을 잘 알고 있다. 그들은 정책을 마련할 때 겸허한 자세로 많은 의견을 듣고 신중하게 검토한다. 그 결과 옳다는 확신이 들면, 그때서야 비로소 흔들림 없이 자기의 뜻을 밀어붙인다. 이들의 확신은 뿌리가 깊어서 사소한 비판이나 순간의 어려움에 쉽사리 흔들리지 않는다.

반면에 독재자들은 자기가 듣고 싶은 얘기만 듣고 독단적으로 결론을 내린다. 그렇기에 수많은 반대와 난관에 부딪히게 될 수밖에 없다. 그럼에도 불구하고 이들은 잘못이 '과정'에 있을 뿐 자신의 '결정'에 있음을 인정하지 않는다. 요컨대 위대한 정치가와 독재자의 차이는 자신의 신념이 얼마나 열린 과정을 통해 결정되는지에 달려 있다고 하겠다.

질 수 있어야 소신은 빛난다

정치가의 소신과 독재자의 독선을 가리는 두 번째 기준은, 문제의 핵심을 얼마나 제대로 진단하는가에서 찾을 수 있다. 독재자들은 여론을 선도하기보다 악용하려는 경향이 강하다. 예컨대 히틀러는 당시 독일 사회문제와 갈등의 원인을 유럽에서 미움을 사던 유대인에게 돌려버렸다. '인간쓰레기'인 유대인이 경제와 정치를 온통 엉망으로 만들어놓았기에 삶이 고단해졌다는 논리였다.

〈아르헨티나여, 나를 위해 울지 말아요(Don't cry for me Argentina)〉라는 노래로 잘 알려진 뮤지컬 〈에비타〉의 실제 주인공 아르헨티나의 영부인 에바 페론도 그랬다. 그녀의 정책은 대중의 인기에 호소하는 전형적인 포퓰리즘이었다. 부자들의 재산을 털어 가난한 자들을 지원한다는 지극히 원시적인 방법으로 빈부 격차 문제를 해결하려고 했지만, 그 결과는 아르헨티나 경제의 파탄이었다.

편견에 사로잡힌 결단은 독재자의 전형적인 결정 방식이다. 그러나 사회 발전을 이끄는 지도자는 냉철하게 현실을 분석하고, 의사처럼 아픈 부분에 날카로운 칼을 들이댈 줄 안다. 위대한 정치가는 객관적으로 사태를 파악할 수 있는 사람이다. 때로는 자신의 정치생명까지 걸고 현실을 있는 그대로 바라볼 수 있어야 한다. 링컨은 노예해방이 연방국인 미국을 해체시킬 정도의 민감한 사안일뿐더러, 자신을 치명적인 위기로 몰아넣을 수 있는 정책임에도 포기하지 않았다. 이처럼 정확한 현실 진단을 통해 잘못된 다수에게 '틀렸다'라고 당당하게 말할 수 있을 때, 고집은 독선이 아닌 소신으로 거듭난다.

하지만 대개는 한 사람의 의견보다 여러 사람의 견해가 옳음을 잊어서는 안 된다. 민주주의가 최고의 정치제도로 꼽히는 이유도 여기에 있다. 소신 있는 지도자는 질 줄 아는 사람이다. 그는 자신이 항상 옳을 수 없음을 잘 알고 있다. 그 역시 여론의 수렴과 토론을 거친 방안이 대부분 최선이라 믿고 받아들인다. 나아가 자신이 설사 옳지 않다고 믿는 사안이라고 해도, 사소한 부분에 있어서는 너그러이 대중의 욕망과 타협할 줄도 안다. 그러나 그는 중요한 사안만큼은 신념의 칼날을 거두지 않는다. 상대방의 생각을 99퍼센트 포용하는 관대함이 있어야 그가 내세우는 1퍼센트의 소신이 빛나는 법이다. 소신 있는 지도자는 이 점을 잊지 않는다.

마지막으로 소신 있는 지도자는 토론을 통해 자신의 신념을 좀 더 정교하고 현실에 맞게끔 가다듬을 줄 안다. 독재자는 정반대다. 논쟁을 통해 자신의 독단과 고집을 더욱더 강하게 만들 뿐이다.

사람들의 분노와 흥분을 자아내는 사안일수록 여론은 극단으로 흐르게 마련이다. 제2차 세계대전 당시, 일본 군부가 미국과의 전쟁을 결심했을 때를 예로 들어보자. 사실 국력의 차이로 보았을 때 일본이 미국을 이길 가능성은 거의 없었다. 그래도 일본 군부는 전쟁에 대한 집착을 놓지 않았다. 나아가 진주만 기습의 성공으로 고취된 여론은 지도자가 전쟁이라는 극단의 수단을 계속 쓰도록 몰고 갔다. 전쟁을 피하고 타협해야 한다는 온건하고도 합리적인 생각은 '비겁한 주장'으로 매도되었다.

서로의 이익이 극심하게 충돌하는 상황에서 가장 현실적이고 합리적인 대안은 대개 중용과 타협에 있다. 그러나 오랜 갈등으로 격렬한 감정에 휩싸인 상황에서는 극단적인 주장이 오히려 더 지지를 받곤 한다. 화해와 중재를 내세우는 안은 비겁하고 안일한 대처라며 비난에 휩싸인다.

독재자들은 실현 가능성과는 상관없이 자신의 과격한 신념을 놓지 않는다. 이념의 선명한 색채를 통해서만 자신의 가치를 높일 수 있음을 잘 알기 때문이다. 반면에 유능한 지도자들은 격렬한 논쟁 가운데서도 현실 논리를 놓치지 않는다. 이상을 갈망하는 마음은 다르지 않지만, 현실 문제를 끊임없이 되짚으며 이를 해결하기 위한 최선의 노력 또한 그치지 않는다. 반성의 자세를 잃지 않는 소신만이 제 갈 길을 잃지 않음을 잘 알고 있기 때문이다.

고집과 소신 사이에서

선거에서는 이성보다 감성에 휩쓸려 지도자를 선택하기 쉽다. 고집 센 사람은 소신 있는 사람과 혼동되고, 줏대 없는 사람은 사람 좋고 민주적인 인물로 비치기 쉽다. 그러나 앞서 살펴보았듯, 소신과 민주적인 리더십은 결코 상반되지 않는다. 진정한 소신은 민주적인 절차를 통해 탄생하기 때문이다. 고집은 어설픈 편견과 여론에 의존하려는 나약한 의지의 결과일 뿐이다. 유권자들이 이 둘의 차이를 구분할 수 있다면, 뚝심과 배려가 충만한 유능한 지도자들이 우리 정치를 가득 메우게 될 것이다.

3부

더 인간답게
살기 위한 고민:

생각의
틈을 메우는
물음

인간으로 태어난 게
그리 대단한 일일까?

---◆---

"이 모든 것을 얻기 위해 하신 일은 무엇입니까?
그저 태어나신 일밖에 더 있습니까?"

_오페라 〈피가로의 결혼〉 중에서

...

인간이 왜 존엄한지를 묻는다면

"백작님, 당신은 귀족이십니다. 게다가 지위도 높으시며 재산도 많으십니다. 그런데 이 모든 것을 얻기 위해 하신 일은 무엇입니까? 그저 태어나신 일밖에 더 있습니까?"

프랑스 극작가 보마르셰가 쓴 희곡《피가로의 결혼》의 주인공 '피가로'의 말이다. 1784년에 나온《피가로의 결혼》은 프랑스혁명에 적지 않은 영향을 미쳤다. 이 혁명은 절대왕정을 무너뜨리고 민주주의의 씨앗을 심은 큰 사건이었다. 평민 피가로가 귀족에게 비아냥거리듯 던진 "그저 태어나신 일밖에 더 있습니까?"라는 질문은 지금 우리에게 새로운 의미로 다가온다.

2017년 세계 바둑 랭킹 1위인 중국의 커제는 인공지능(Artificial Intelligence) 바둑 프로그램 알파고와의 대국에서 단 한 번도 이기지 못했다. 2014년 미국임상종양학회 발표에 따르면, IBM 의학 프로그램 닥터 왓슨(Dr. Watson)은 암 센터 전문의의 진단과 비교한 결과 대장암 98퍼센트, 직장암 96퍼센트, 방광암 91퍼센트, 췌장암 94퍼센트, 신장암 91퍼센트, 난소암 95퍼센트, 자궁경부암 100퍼센트의 진단 일치율을 보였다. 이는 인간 의사에게 뒤지지 않는 수준이다. 카네기멜론 대학 로봇연구소는 2050년 무렵이면 인공지능이 인간의 판단 수준을 넘어서리라 예상한다. 인공지능과 로봇이 발달하면서 2020년까지 일자리 500만 개가 사라질 것이라고 예측하는 학자도 있다.

빠른 속도로 발전하는 기계는 인간의 지성과 능력을 뛰어넘고 있다. 머지않은 날에 사람 수준의 판단력과 감성을 갖춘 기계가 "(인간들은) 그저 태어나신 일밖에 더 있습니까?"라고 묻는다면 우리는 어떻게 반론해야 할까? 인간은 신의 피조물이며 만물의 영장이기에 존엄하다는 식의 설명이 과연 기계에 통할까?

프랑스혁명을 이끈 부르주아들은 전문 지식을 갖춘 중산층이었다. 그들은 고귀한 신분만 믿고 거들먹거리던 귀족을 거꾸러뜨렸다. 로봇은 노예라는 뜻의 체코어 '로보타(robota)'에서 왔다. 우리보다 더 뛰어난 '기계 노예'들이 인간에 맞서 반란을 일으킬 가능성은 이제 단순한 공상에 그치지 않는다. 그들에게 우리는 왜 인간이 기계를 지배할 만큼 존엄한지를 어떻게 설명할 수 있을까?

인간의 비루함을 인정할 때

문명이 발전할수록 인간의 지위는 점점 낮아졌다. 프로이트는 인류 역사에서 자신을 포함한 세 명의 지성이 인간에게 심한 모욕을 주었다고 말했다. 코페르니쿠스는 인간에게 '우주적 모욕'을 주었다. 지동설을 통해 우리가 살고 있는 지구가 더 이상 우주의 중심이 아니라는 사실을 밝혔기 때문이다. 다윈의 진화론은 인류에게 '생물학적 모욕'이었다. 인간은 이제 특별한 존재가 아닌, 진화하는 동물 가운데 하나에 지나지 않게 되었다.

나아가 프로이트는 '심리학적 모욕'까지 안겼다. 인간은 이성을 갖고 있어서 특별하다고 여겨져왔다. 그러나 프로이트에 따르면, 우리의 마음은 무의식이 쥐락펴락한다. 한마디로 인간도 본능에 휘둘리는 짐승과 특별히 다를 바가 없다는 뜻이다.

하지만 인간의 지위가 추락했다고 해서 우리의 삶이 비루해졌을까? 전혀 그렇지 않다. 인류가 특별함을 잃어갈수록 오히려 세상은 점점 살 만하게 바뀌었다. 옛 귀족은 특별한 대우를 당연한 듯 누렸다. 자신을 선천적으로 우월한 존재라고 여긴 탓이다. 이렇게 믿고 있을 때는 주변 사람을 차별하며 함부로 대하기 쉽다. 반면에 자신이 다른 사람들과 다를 바 없다고 생각할 때는 특별함을 인정받기 위해 스스로 노력해야 한다. 자기가 존경받아야 하는 이유를 증명하려고 사람들에게 관심을 기울이며 더 나은 세상을 만들기 위해 힘쓴다는 뜻이다.

　지위가 점점 추락하는 인류도 다르지 않다. 우리가 사는 지구가 우주에서 별다른 곳이 아님을 깨닫자, 인간은 자연과 물질을 객관적으로 바라보게 되었다. 인간이 동물과 다르지 않다는 사실을 인정한 뒤, 인류가 세상을 보는 눈은 더 객관적으로 변했다. 인간도 본능에 사로잡힌다는 사실을 받아들이자, 인류 문명은 성욕과 탐욕에 보다 너그러워졌다. 인공지능도 마찬가지 아닐까? 인간이 기계보다 못할 수 있다는 사실을 인정할 때, 인간의 배려와 공감 능력은 한층 자라난다.

공감 능력

미국의 보스턴다이내믹스(Boston Dynamics)사는 네 발로 걷는 로봇을 개발했다. 생김새가 큰 개처럼 생겨서 이름도 '빅 도그

(Big Dog)'다. 회사는 로봇의 우수성을 널리 알리기 위해 홍보 영상을 만들었다. 화면에서는 건장한 남자들이 빅 도그의 옆 구리를 발로 걸어찬다. 휘청거리는 로봇은 이내 제자리를 잡 고 다시 걷는다.

이 영상은 뜻밖의 논란을 불렀다. 왜 빅 도그를 '학대'하냐며 항의하는 네티즌이 적지 않았던 것이다. 빅 도그는 로봇이다. 사람들은 로봇이 차이는 모습에 마치 동물이 괴롭힘당하는 장 면을 볼 때처럼 불편해했다. 인간의 공감 능력이 어디까지 뻗 어나가는지를 잘 보여주는 대목이다. 남의 고통을 헤아리고 같이 아파할 줄 안다는 점에서는 인간이 다른 존재들보다 낫 다. 인간이 스스로를 만물을 보살피며 다스리는 '만물의 영장' 이라 부르는 이유다.

그렇다면 기계는 공감 능력이 없을까? 이미 사람처럼 감정 을 표현하는 인공지능이 등장했다. 이른바 '사회적 알고리즘 (sociable algorithm)'이다. 단순히 명령을 알아듣고 일하는 로봇 은 정교한 기계일 뿐이다. 사회적 알고리즘을 갖춘 기계는 인 간의 표정을 읽고 감정을 나누려 노력한다.

그런데 기계는 결코 인간이 못 된다. 기계가 사람처럼 웃고 울며 즐겁고 괴로운 감정을 표현할 수는 있다. 하지만 이런 감 정을 느끼는 '영혼'을 가졌는지는 또 다른 문제다. 인간은 어떨까? 적어도 울고 웃을 때, 이런 감정을 느끼는 '나의 마음'이 있다는 사실을 분명히 안다. 기계는 프로그램대로 감정을 나타낼 뿐, 그 안에 영혼이 있다는 사실을 증명할 수는 없다. 이렇듯 영혼이 있다는 점에서 인간은 존엄하다.

기계 영혼의 출현

과연 기계가 인간은 영혼이 있기에 존엄하다는 주장을 받아들일까? 기계가 나에게 당신의 영혼을 보여달라고 하면 어쩔 것인가? 이때는 나 역시 기계의 처지와 다를 바 없다. 웃고 우는 표정으로 감정을 나타낼 뿐, 내 안에 있는 마음 그 자체를 보여줄 방법이 없다. 데카르트는 동물은 정교한 '자동기계(automata)'에 지나지 않는다고 말했다. 낑낑대거나 꼬리를 흔드는 등의 '반응'을 보일 뿐 그 안에 영혼은 없다는 취지에서다. 이 논리대로라면 나 아닌 다른 인간들도 자동인형에 지나지 않는다. 아무리 정교하게 표정을 짓고 표현해도, 그 안에 영혼이 있는지 없는지를 밝힐 방법은 없다.

그래서 칸트는 사람에게 영혼이 있다는 사실을 '증명'할 수는 없지만, 있다고 '요청'해야 한다고 주장한다. 여기서 요청이란 있다고 여기고 받아들여야 한다는 의미다. 우리 사회는 사람들에게 영혼이 있다고 믿어야만 제대로 굴러간다. 사람이 한낱 자동기계에 지나지 않는다면, 도구 대하듯 인간을 함부로 대하고 버리는 일이 벌어지기 때문이다.

그렇다면 이제 '기계 영혼'이 있다는 주장도 받아들여야 하지 않을까? 적어도 인간처럼 생각하고 느끼며 표현하는 기계라면 말이다. 인공지능을 갖춘 기계가 인간처럼 대우해달라고 요구한다면 우리는 어떻게 해야 할까?

헤겔은 역사란 자유가 점점 확대되어 나가는 과정이라고 말한다. 아주 옛날에는 왕과 귀족만 자유로웠다. 근대에 와서는 노동자, 농민까지 자유로워졌다. 백인만 자유를 누리며 대접받아야 한다는 것이 상식이던 때도 있었다. 지금은 인종과 신분에 상관없이 모든 인간은 자유와 권리를 누려야 한다는 것이 상식이다.

자유와 권리의 범위는 더욱 넓어지고 있다. 지금은 동물의 권리를 주장하는 이들도 적지 않다. 자연을 그 자체로 존귀하게 여기며 보호해야 한다는 생각도 전 세계적으로 뿌리를 내리고 있다.

기계가 인간만큼 지능과 감성을 갖춘다면 그들의 자유와 권리를 보호해야 한다는 목소리도 언젠가 나올 법하다. 그럴 경우 인간의 지위가 문제다. 기계가 지적, 정서적인 면에서 인간보다 우월해지면 인간과 기계의 관계는 어떻게 될까? 이때도 기계가 인간의 도구로 남으려 할까? 혹시 인간에 대해 반란을 꿈꾸지는 않을까?

이는 공상 과학 소설에 나올 법한 걱정에만 그치지 않는다. 인공지능의 빠른 발전은 이런 우려를 현실로 바꾸고 있다. 이미 법조인, 회계사, 의사 등 인간의 높은 지능이 필요한 분야에서 기계는 인간의 능력을 뛰어넘었다. 이제 인류는 노예(로보타)였던 로봇의 반란을 걱정해야 할 처지까지 내몰렸다. 인간은 스스로의 존엄성을 지키기 위해 무엇을 해야 할까?

인류를 구원할 힘

몰락은 노력 없이 주어진 특권을 낭연하게 여기는 순간 시작된다. 프랑스혁명 직전, 귀족에 대한 사람들의 불만은 하늘을 찔렀다. 왕과 귀족은 신이 자신들을 선택했기 때문에 사람을 부리며 사치를 즐겨도 된다고 생각했다. 그래서 백성의 마음을 헤아리지 않았고, 이는 결국 민중 혁명으로 이어졌다.

기계와 인간의 관계도 다르지 않다. 인간은 기계의 봉사와 헌신을 당연한 듯 여긴다. 인류가 환경에 신경 쓰지 않을 때 자연은 기후변화와 자원 고갈 등으로 인간에게 복수한다. 인간 수준의 지능을 갖춘 기계들도 마찬가지일 수 있다.

인간의 가장 뛰어난 능력은 남의 처지를 헤아리며 공감하는 것이다. 인간은 더 이상 특별한 존재가 아니다. 코페르니쿠스에서 다윈, 프로이트를 거쳐 인공지능에 이르기까지, 인간의 위상은 점점 떨어지고 있다. 대접받고 싶다면 남을 먼저 대우하라는 문명의 황금률(golden rule)은 기계에도 예외가 아니다. 인류 스스로가 고결한 인격과 배려심을 갖춰 '존경할 만하다'는 생각을 인간 아닌 존재에게 불러일으키지 않는 한, 인류의 미래는 없다. 기술의 발전으로 위기에 빠진 인류를 구원할 힘은 결국 '도덕'이다.

'인간다운 죽음'이라는 것이
과연 있을까?

"기억되는 사람은 죽지 않는 법이다."

_스파르타쿠스

...

영원히 살지 못할 바에야

"영원히 살지 못할 거면서 왜 태어났는가?"

극작가 이오네스코의 희곡《왕은 죽어가다》에 나오는 대사다. 죽음은 우리에게서 모든 것을 앗아간다. 누구에게나 죽음은 두렵다. 그러나 인간은 죽음을 기억하는 존재다. 정중한 장례 절차를 밟으며 죽음의 의미를 되새긴다. 이때 사람들은 망자를 애도하며 그이의 인생이 어떠했는지를 곱씹는다. 한 인간의 의미와 가치가 죽음을 통해 비로소 분명해지는 셈이다.

'카르페 디엠(carpe diem)'과 '메멘토 모리(memento mori)'는 서양 중세 가치관을 대표하는 두 기둥이다. 카르페 디엠은 '현재를 즐기라.'는 뜻이다. 반면에 메멘토 모리는 '죽음을 기억하라.'는 의미다. 이 둘은 하나로 맞닿아 있다. 죽지 않고 영원히 산다면, 살아 있는 '지금 이 순간'이 그다지 소중하지 않다. 인간은 결국 사라질 존재이기에 현재가 소중하다. 우리에게 지나간 시간은 다시 주어지지 않기 때문이다.

짧은 학창 시절과 곧 닥칠 졸업을 의식하는 학생은 순간순간 최선을 다해 산다. 그러나 학교생활이 영원히 계속될 것처럼 아무 생각 없이 사는 학생은 하루하루를 무료하게 낭비한다. 우리가 살면서 죽음을 항상 의식해야 하는 이유다.

나아가 '적절한 죽음'은 '제대로 된 삶'만큼이나 중요하다. 죽음은 모두에게 공평한 법. 대충 살았건 치열하게 살았건 죽음은 모두에게 찾아든다. 그럼에도 우리가 인생을 치열하게 살아야 하는 까닭은 무엇일까?

인간은 자신이 죽는다는 사실을 아는 존재다. 그리고 자신의 삶을 넘어 영원의 관점에서 자기 삶을 평가하는 존재이기도 하다. 위대한 인물은 '역사 속에서 자신이 어떻게 기억될지', '후손이 나를 어떻게 평가할지'를 고민하며 인생을 가꾼다. 심지어 어떤 이들은 '역사에 길이 남기 위해', '후대에 치욕스러움을 남기지 않고자' 스스로 목숨을 던지기까지 한다.

이들은 단지 살아남기 위해 명분을 저버리는 일을 수치스럽게 여긴다. 이들은 대의명분을 위해 한목숨을 바치는 일이 '적절한 죽음'이라 믿는다. 이들의 판단은 옳은가? 영원히 살 수

'인간다운 죽음'이라는 것이 과연 있을까?

없는 인간에게 자신이나 누군가의 죽음이 '적절했는지'를 평가할 자격이 있을까?

죽을 때를 안다는 것

제2차 세계대전 때 일본군은 포로들을 잔인하게 대했다. 그들은 '포로'라는 존재를 이해하지 못했다. 군인이라면 전쟁터에서 죽거나, 졌다면 당연히 스스로 목숨을 끊었어야 할 테다. 무사로서 이름을 잃었는데도 살겠다고 발버둥 치는 것만큼 추한 일도 없었다. 일본의 패배한 장수에게는 스스로 배를 가르는 할복이 의무이자 권리이기까지 했다. 일본군이 포로들을 무시하고 학대한 데는 이런 문화적인 배경이 있었다. 그들에게 포로란 인간으로서 이미 죽었는데도 '적절한 죽음'을 받아들이지 못한, 말하는 짐승일 뿐이었다. 이 점은 프로이센의 장교들도 마찬가지였다. 더 이상 명예를 지킬 방법이 없을 때, 동료들은 장교의 책상 위에 위스키 한 병과 권총을 올려놓곤 했다.

니체는 "왜(why) 사는지 알면 어떤(how) 상황도 견딜 수 있다."고 말했다. 이 말을 뒤집어보자. 자기 삶의 의미를 찾을 수 없을 때, 사람들은 우울증에 빠지고 심지어 자살을 시도하기까지 한다. 저마다 품고 사는 이상과 정의는 삶을 가치 있게 만든다. 그렇다면 자신이 좇는 가치가 더 이상 돌이키지 못할 정도로 무너졌을 때 택하는 죽음은 '적당하지' 않을까? 타이태닉호와 함께 바닷속에 가라앉는 길을 택한 선장의 죽음은 서늘한 감동을 준다. 죽음을 무릅쓰고라도 지키려고 하는 가치로 인간의 삶은 비로소 삶답게 된다.

기억되는 사람은 죽지 않는다

코나투스(conatus), 즉 자기 보존욕은 모든 생명의 본능이다. 생명 하나하나에게 적절한 죽음이란 없다. 삶은 누구에게나 한 번뿐이다. 자기가 없으면 세상이, 이 우주가 도대체 무슨 의미가 있겠는가? 세상의 모든 일은 이 본능으로부터 비롯된다. 먹고살기 위한 치열한 다툼 속에서 살아남는 데 조금이라도 유리해지면 편안함을 느낀다.

도덕 윤리도 본능에 기대어 있다. 위기에 몰린 불쌍한 어린 생명을 보면 돕고 싶은 마음이 샘솟곤 한다. 내가 어려울 때 느끼는 감정을 남에게 비춰보는 까닭이다.

하지만 자연 전체로 보면, 자기 보존욕은 그 자체로 앞뒤가 안 맞는 욕심이다. 미래학자 도미니크 바뱅(Dominique Babin)은 생명의 진화 원리로 죽음과 섹스를 꼽는다. 죽음과 섹스는 진화를 이끄는 두 가지 축이다. 죽지 않는 생명체의 진화와 발전은 더딜 수밖에 없다. 예컨대 야생 월귤나무인 므두셀라는 1만 3000년까지 살 수 있다. 그러나 오래 사는 만큼 진화도 느리다. 단세포 생물은 오래 살지만 발전도 없다. 멸종할 때까지 같은 모양으로 남아 있을 뿐이다. 반면에 고등한 생물은 죽음과 번식을 반복하면서 문제를 없애고 장점을 키워나간다.

자연 속에서 적절한 죽음인지는 생존경쟁이 가늠한다. 뒤떨어지는 생명은 강한 놈들에게 먹힘으로써 적절한 죽음을 맞는다. 뛰어난 자만이 살아남기에 진화가 이루어진다. 그렇다면 인간은 진화의 이치를 스스로 깨닫고 삶과 죽음을 결정할 수 있는 존재가 아닐까? 인간은 자기 삶이 주변 사람과 인류 전체에 어떤 의미와 가치가 있는지를 가늠한다. 그 결과 필요하다면 목숨을 내던지기도 한다. 나의 죽음으로 사회와 인류의 진화를 이끌 수 있다면 스스로 삶을 포기할 줄 아는 것이다.

이를 위해 우리는 적절한 죽음을 택하도록 가르침을 받기까지 한다. 교과서를 쓰는 이들은 적의 장수를 껴안고 깊은 물속으로 뛰어든 논개를 우러러보고, 전장에 나가기 전 직접 가족의 목을 벤 계백의 굳은 의지를 존경스럽게 그리곤 한다.

동물은 몸만으로 산다. 그러나 인간의 삶은 육체를 벗어났을 때 비로소 완성된다. 고대 로마 노예 반란의 지도자 스파르타쿠스는 "기억되는 사람은 죽지 않는 법이다."라는 말을 남겼다. 우리는 숭고한 희생을 한 이들을 기억하며 되새긴다. 그리고 그런 인물이 되기를 꿈꾼다. 추상적이고도 드높은 가치를 위한 희생은 우리의 짧은 삶을 영원하게 만든다. 풍요롭고 편안하게 살다 간 인물은 시간이 지나면 잊히지만, 온갖 고생을 무릅쓰고 경지에 이른 자들은 수천 년 뒤에도 기억된다. 그렇다면 영원한 가치를 택한 인간의 죽음에는 '적절하다'는 표현을 쓸 수 있을 듯하다.

강요당한 숭고한 죽음

나무를 잘 타는 원숭이는 바로 그 능력 탓에 높은 가지에서 떨어진다. 처음부터 나무에 못 올랐다면 추락할 일도 없다. 인간도 마찬가지다. 인간은 목숨을 뛰어넘어 가치를 좇을 수 있기에, 짐승보다 더 비참한 죽음을 맞기도 한다.

지난 세기에는 숱한 젊은이가 '아리안족의 영광', '대동아공영권'같이 스스로 생각하기에 빛나는 이상을 좇아 전쟁터에 나

섰다. 그러나 용감한 전사였던 이들의 죽음을 적절했다고 할수 있을까? 히틀러가 내세웠던 아리안족의 영광은 세상을 온통 잿더미로 만든 철학일 뿐이었다. 아시아가 똘똘 뭉쳐 잘살자던 대동아공영권 역시 일본의 끔찍한 침략을 가리기 위한 거창한 표현이었을 따름이다. 전쟁이 아니었다면 그들 하나하나는 평범하고 행복하게 살았을지 모른다. 설사 불행했더라도 전쟁터에서 헛되이 목숨을 잃는 것보다는 나은 삶이었으리라.

　마르크스의 '허위의식'은 이들이 왜 비참한 죽음을 맞게 되었는지 잘 설명해준다. 노예는 노예 입장에서 세상을 보아야 한다. 하지만 노예는 주인의 눈으로 세상을 살피며 평가한다. 주인의 말을 잘 들어야 모두가 질서 잡힌 생활을 하리라 믿는 탓이다. 그래서 주인을 위해서라면 기꺼이 자신을 희생하곤 한다. 하지만 노예는 주인의 이익을 위해 이용당할 뿐이다.

　권력을 쥔 자는 끊임없이 사람들에게 지배자의 입장이 '옳은 태도'라고 강조한다. 하지만 권력자에게 이로운 일이 곧 정의롭지는 않다. 의미를 좇는 고귀한 삶을 바라는 인간은 이 둘을 쉽게 혼동한다. 그래서 자신의 희생이 적절한 죽음이라고 생각했지만, 사실은 소중한 목숨을 악마에게 바친 꼴이 되는 경우가 많다. 허위의식이란 이처럼 지배자의 이익이 곧 자신의 이로움과 영광이라고 착각하는 태도를 말한다.

더 나아가 어떤 이들은 '숭고한 죽음'을 강요당하기까지 한다. 무너져가던 일본 제국주의자들은 병사들에게 옥쇄(玉碎)하라고 다그쳤다. 옥처럼 부서져 일본 제국에 충성을 바치라는 뜻이다. 심지어 아오지마섬 같은 곳에서는 민간인에게 집단 자살을 권하기도 했다. 가족을 전쟁이 없는 안전한 곳으로 옮기려는 당연한 소망은 '배은망덕'한 짓으로 몰렸다. 이들의 죽음을 과연 적절하다고 할 수 있을까?

그것이 진정 옳은 일인가

이제 과연 적절한 죽음이라는 말을 할 수 있는지 정리해보자. 적절한 죽음이라는 표현은 오직 인간에게만 의미가 있다. 오직 인간에게 생존을 넘어선 영원한 가치를 좇는 능력이 있는 까닭이다. 그러나 이 능력 탓에 인간은 어이없는 죽음으로 내몰리기도 한다. 어느 시대에나 사회나 지도자가 내세우는 거창한 이상에 평범한 사람이 짓눌리는 일은 벌어졌다.

그래서 스토아 철학자들은 대(大)우주의 섭리(Logos)를 깨우치라고 강조한다. 무엇을 하건 그것이 진정 옳은지를 충분하게 생각하라는 뜻이다. 인간은 어차피 죽는다. 하지만 가치 있는 죽음은 많지 않다. 스토아의 가르침을 받은 로마의 고위층은 늙고 병들어 죽기 전에 스스로 목숨을 끊는 일을 영예로 여겼다. 네로 황제에게 미움을 받아 죽음을 피할 수 없다는 사실을 안 그의 스승 세네카는 스스로 동맥을 끊었다. 군인 안토니우스의 노여움을 산 정치가 키케로도 가마에서 얼굴을 내밀어 자기의 목을 베려는 병사들을 도왔다.

"최선을 다해서 살되, 이후의 결과는 대우주의 섭리에 맡겨라."라는 스토아 철학의 외침은 순리에 따르라는 동양의 가치와도 통한다. 소크라테스는 '삶이란 죽음의 연습'이라고 말했다. 죽음은 삶의 결론이다. 결론이 아름다우려면 그때까지의 과정이 훌륭해야 한다. 적절한 죽음은 충분한 사색과 치열한 준비를 통해 완성된다. 순간 찾아든 강렬한 감정이나 솔깃한 말에 넘어가서 택한 죽음은 전혀 적절하지 않다.

생존을 넘어 가치를 좇을 때, 우리의 삶은 비로소 짐승의 수준을 넘어 사람답게 된다. 나아가 적절한 '인간다운' 죽음은 제대로 된 선택에서 나온다는 사실을 잊어서는 안 된다. 올곧은 선택을 하는 일은 무척이나 어렵다. 지혜로운 결단을 내릴 능력은 진지하고 튼실한 삶을 통해 길러진다. 따라서 적절한 삶은 적절한 죽음의 쌍둥이다.

정의니 진리니
하는 것들이
내게 이득을 가져다줄까?

죽을 때까지 고통만 주는 진리라도
우리는 기꺼이 따라야만 할까?

...

진리를 추구하는 사람들

과학 탐구의 최종 목표는 세상을 완전히 밝혀주는 '궁극 이론 (final theory)'에 도달하는 데 있다. 비록 지금은 과학 이론이 불완전해서 수많은 가설과 반박이 난무하지만, 연구를 계속하다 보면 언젠가 우주의 이치를 완벽히 해명해줄 진리에 다다르게 될 것이다. 그리고 이 진리를 따르는 세상은 오류 없이 돌아갈 테다. 사회정의 또한 이런 진리의 기초 위에서 이루어져야 한다. 우주가 사람들의 바람대로 바뀌지 않듯, 우리가 추구해야 할 정의도 사람들이 좋아하고 싫어한다고 해서 바뀔 수 있는 것이 아니다.

마찬가지로 정치가나 종교인도 나름의 진리를 추구한다. 이들은 자신의 신념이나 종교가 궁극적인 진리임을 보이려 하며, 이를 따를 때 가장 정의롭고 행복한 사회가 될 것이라 확신한다.

그러나 이들의 '진리'와 '정의'는 때론 고통만을 강요하곤 한다. 예컨대 어떤 정치 신념은 경제적 만족보다는 정신적 우월 상태에서 자족(自足)할 것을 강요한다. 어떤 종교는 사람들에게 항상 절제와 금욕 속에 머무를 것을 강조한다. 민족주의자는 자존심을 버리고 강대국에 빌붙어 풍요로움을 누리기보다는, 차라리 헐벗고 굶주리더라도 줏대 있게 '우리끼리' 살아야 한다고 외친다. 성현(聖賢)이 도달하려는 최고의 종교적 경지는 부나 안락함과는 거리가 먼 경우가 많다.

과연 진리와 정의는 이익이나 쾌락과 상관없을까? 나아가 죽을 때까지 고통만 주는 진리라도 우리는 기꺼이 따라야 할까?

인간은 본능을 거스를 수 있다

모든 생명체는 살기 위해 발버둥 친다. 이익을 좇고 죽음을 두려워하는 것은 모든 생명의 '본능'이다. 그러나 오직 인간만은 본능을 거스를 수 있다. 인간은 자신의 신념을 위해 손실을 떠안기도 하고, 심지어 목숨을 걸기도 한다. 예컨대 순교자는 신앙을 지키려고 기꺼이 죽음의 길로 들어서며, 전쟁터의 군인은 전우와 국가를 위해 위험을 마다하지 않는다. 그리고 우리는 이런 희생을 숭고한 행위로 찬양하곤 한다.

이익과 생존의 차원에서 보면, 인간과 동물은 거의 차이가 없다. 스턴트맨이 '돈을 벌기 위해' 달리는 열차에서 뛰어내리는 행위는, 물고기를 잡기 위해 폭포에 뛰어드는 곰의 용감함과 다를 바 없다. 생계를 위해 목숨을 건다는 점에서는 똑같기 때문이다.

인간의 고귀함은 자신에게 그 어떤 이로움이 없어도 자발적으로 희생을 택할 때 비로소 빛난다. 곰도, 인간도 식량을 얻고 내 유전자를 남길 후손을 위해서는 기꺼이 위험을 떠맡는다. 그러나 곰은 자유나 평등 같은 신념 때문에 목숨 걸지는 않는다. 생존을 뛰어넘어 자신이 믿는 이상과 진리를 추구하는 일은 오직 인간만이 할 수 있다.

철학자 칸트는 "진정한 도덕은 이익을 바라지 않는 행동에서 찾을 수 있다."고 말했다. 군인이 전쟁 보상금을 받기 위해 참전했다면, 이는 도덕적인 행동이 아니다. 그 어떤 이익도 바라지 않고 고귀한 이상에 희생할 각오가 되어 있을 때에만 군인의 행동은 참되고 정의롭다. 칸트가 말하는 도덕적인 행동이란 '무엇을 얻기 위해' 하는 행동이 아니다. 오히려 인간이라면 막대한 손해와 위협을 무릅쓰고서라도 반드시 해야 하는

나는 이 질문이 불편하다

무조건적인 명령(정언명령)이다. 죽이겠다는 협박에 못 이겨 칼 든 자에게 굴복하는 일은 동물도 할 수 있다. 목숨을 걸고서라도 정의를 지키겠다고 눈을 부릅뜨고 나서는 순간, 인간은 '사람다운 사람'으로 거듭난다. 우리가 다른 이와 정의를 위해 희생한 자들에게 찬사와 존경을 보내는 이유는 여기에 있다.

'정의와 진리'라는 이름의 악마

이처럼 인간은 진리와 정의를 위해서라면 생존 욕구를 뛰어넘을 수 있는 존재다. 동시에 인간은 그 어떤 동물보다 더 파괴적이고 사악한 존재이기도 하다. 동물은 자신의 생존을 목적으로 살육하고 파괴한다. 하지만 인간은 생존을 뛰어넘어 '진리와 정의를 위해' 다른 인간과 생명을 해치곤 한다. 예컨대 종교적 신념이 다르다는 이유로 다른 종족을 핍박하는 일은 지금도 곳곳에서 일어나고 있다. 그뿐만 아니라 회사나 단체끼리 갈등이 벌어졌을 때, 한 집단에 속한 사람들은 개인적으로 자기와 전혀 원수질 일이 없는 상대편 사람들을 비난하고 해치려 한다.

　흥미로운 사실은 이 모든 일이 대부분 '진리와 정의'의 이름으로 행해진다는 점이다. 인류 역사의 뿌리 깊은 갈등은 대부분 생존의 차원을 넘어선다. 십자군은 신성한 성지(聖地)를 회복하기 위해 이슬람 세계로 쳐들어갔으며, 일본 제국주의자는 '아시아의 가치를 지키고 번영을 이루기 위해' 태평양전쟁을 일으켰다. 역설적이게도, 역사상 가장 참혹한 파괴와 전쟁은 대개 진리와 정의의 이름으로 행해졌다.

단순한 탐욕 때문에 벌어진 전쟁은 지역이나 부족 간의 소소한 다툼으로 끝나버리곤 한다. 당사자가 아닌 이상, 자기들끼리의 이권 다툼에 다른 사람이 끼어들 이유가 없기 때문이다. 이때 진리와 정의는 사람들을 대거 전쟁으로 끌어들이는 훌륭한 명분이 된다. 예컨대 만주 철도 부설권을 차지하기 위한 일본과 러시아의 다툼은 관련 기업인들 사이의 관심에 그치기 쉬웠다. 그러나 이 문제가 러시아와 일본의 '영토 영유권'과 '국가 자존심'에 연관되는 순간, 범국민적 관심사로 떠올랐다. 철도를 놓고 이익을 챙기는 것은 개인 문제일 뿐이지만, 우리나라의 '영유권'을 넘보는 침략자에 맞서는 일은 민족의 정의와 진리를 위한 숭고한 행위다.

이익 때문에 일어난 다툼은 풀기가 쉽다. 화해해서 얻는 이익이 싸워서 받는 손해보다 더 크다면, 그 자체로 싸움을 그칠 충분한 명분이 되기 때문이다. 반면에 거창한 명분으로 인해 벌어진 다툼은 해결하기가 쉽지 않다. 진리와 정의의 이름으로 벌어진 싸움에서, 피해는 손해라기보다는 '영광의 상처'로 여겨진다. 상대방에 대한 공격 또한 내가 이익을 얻으려고 상대에게 타격을 주는 행위라기보다는, '불의에 대한 응징'으로 해석된다. 따라서 손해가 크면 클수록, 상대에게 가하는 공격의 수위가 높으면 높을수록 갈등의 명분은 오히려 더 강해진다. 정의와 진리란 원래 온갖 고난과 역경을 겪고 나서야 얻을 수 있는 것 아니겠는가. 파괴와 손해가 정의와 진리의 이름으로 정당화되는 순간, 숭고한 가치는 처참한 살육과 가해를 정당화하는 악마의 명분이 되어버리고 만다. 비참한 일이다.

탐욕이 정의를 대신하다

이 점에서 자본주의 체제가 지배하는 현대 문명은 행복하다. 자본주의는 정의와 진리에 집착하지 않는다. 자본주의는 인간의 욕구를 최대한 부풀려서, 더 많은 부를 모으는 데만 관심이 있다. 어찌 보면 인류 역사에서 가장 동물에 가까운 체제가 바로 자본주의라 할 수 있다.

그런데 자본주의는 진리와 정의를 내세우는 그 어떤 체제보다도 정의롭다. 자본주의는 탐욕에 충실함으로써 평등과 정의를 실현하는 놀라운 능력을 보여준다. 일찍이 애덤 스미스(Adam Smith)는 《국부론》에서 '보이지 않는 손(invisible hand)'을 국가 운영의 최고 원리로 꼽은 바 있다. 가난한 사람이 너무 많아지면, 물건을 만들어도 이를 살 사람이 없다. 그러면 자연히 상품 가격은 떨어지게 마련이다. 가벼운 주머니로 살 수 있을 만큼 값이 떨어질 때 소비는 불붙을 테고, 공장은 다시 돌아갈 것이다. 이에 일손이 더 많이 필요해져 노동자의 봉급은 올라가고, 가난한 사람은 줄어든다. 이처럼 자본주의는 자비니 평등이니 하는 거창한 이념을 외치지 않고서도, 사회의 평등과 정의를 실현해내는 능력이 있다.

이 점은 존 롤스(John Rawls)가 말하는 '무지의 베일(veil of ignorance)'에서도 확인된다. 예를 들어보자. 배고픈 사람들에게 한 판의 피자를 똑같은 양으로 공정히 분배할 수 있는 방법은 무엇일까? 롤스는 피자를 자르는 사람에게 정직과 희생정신을 강조하지 않는다. 그가 내세우는 해법은 아주 간단하면서도 효과적이다. 피자를 자른 사람이 가장 나중에 남은 조각을 먹게 하라. 만약 조금이라도 크게 잘린 것이 있다면, 다른 이들이 먼저 집어갈 것이다. 자신이 손해 보지 않기 위해 피자를 자르는 이는 모든 조각을 똑같은 크기로 자를 수밖에 없다.

이렇듯 무지의 베일이란 자신이 만든 정책으로 누가 손해를 볼지 정해지지 않았을 때, 그리고 최대 피해자가 자기가 될 수 있을 때 사회정책은 가장 정의롭고 합리적으로 만들어진다는 뜻이다. 무지의 베일은 자신의 욕심을 통해 다른 사람의 욕구를 보호해주는 가장 효과적인 원칙이라 할 만하다.

정의는 욕구와 이익에 솔직할 때 가장 잘 실현되는 속성이 있다. 현대 자본주의 사회에서 정의와 진리는 일상의 관심이 아니다. 오히려 사람들은 약육강식의 처절한 생존경쟁 속에서 사투를 벌이고 있다. 그럼에도 자유, 평등, 인권 등 인류가 추구하는 고귀한 가치는, 자본주의 안에서 인류 역사상 어떤 체제보다 수준 높게 실현되고 있다.

진리와 정의의 양면성

그러나 자본주의 속 우리는 과연 정의와 진리가 실현된 사회에 살고 있다고 느낄까? 다시 분명하게 물어보겠다. 자본주의 체제에 사는 우리는 하루하루 행복한가?

인간은 단순히 빵만으로 살 수 없다. 생존에 필요한 모든 욕망이 채워졌다 해도, 남은 '2퍼센트 부족한' 인생의 의미를 찾

정의니 진리니 하는 것들이 내게 이득을 가져다줄까?

으려 하는 것이 인간의 삶이다.

그 부족한 인생의 의미는 과연 무엇일까? 답은 모험과 영웅 이야기를 담은 판타지에 열광하는 대중의 마음에서 찾을 수 있을 듯하다. 우리를 열광시킨《해리 포터》와《반지의 제왕》 시리즈 등에 나오는 주인공은 '자본주의의 승리자'가 아니다. 돈 많이 벌고 미인을 차지한 사람은 속물들의 부러움을 살 수는 있을지언정, 진정한 영웅 대접을 받지는 못한다. 이 시대에도 영웅은 정의로운 마음과 고결한 희생정신으로 똘똘 뭉친 용감한 사람이다.

노벨 문학상 수상자 아나톨 프랑스는 일찍이 "몽상가들이 없었다면 인류는 여전히 동굴 속에서 살고 있을 것"이라고 말했다. 생존에서 한 발자국도 벗어나지 못하는 동물과 달리, 인류를 자연에서 문명으로 발전시킨 원동력은 결국 이상과 정의에 대한 열정이라 할 수 있다. 그리고 앞서 칸트가 말했듯, 진정 인간적인 것이란 생존과 이익의 차원을 뛰어넘는 바로 그 지점에서부터 시작된다.

이 점에서 '이익이 없는 진리나 정의도 있는가?'라는 물음은 항상 열린 화두다. 진리와 정의에 사로잡힌 이상주의자의 과도한 열정은 인류를 잔혹한 폭력으로 몰아넣곤 한다. 하지만 진리와 정의에 대한 열정이 없는 문명은 효율적으로 돌아가는 생존 기계일 수는 있을지언정, 구성원들의 삶을 의미 있고 충만하게 만들지 못한다. 우리 삶과 사회를 이끌어나갈 참된 이상이 무엇이어야 하는지를 진지하게 고민해볼 때다.

과학적인 지식은
누구에게나
객관적인가?

과학자들은 각각 자신의 잣대로
현실을 바라보고 해석한다.

· · ·

점쟁이와 과학자

김갑부 씨는 엄청난 부자다. 놀고 있는 돈을 주체할 수 없어 수백억을 주식에 투자하려고 한다. 그런데 그에겐 이상한 습관이 있다. 사업을 시작하기에 앞서 꼭 점쟁이에게 물어보는 것이다. 점쟁이가 'OK' 하면 수백억도 그냥 투자한다. 'No'라면? 당장 포기한다. 수많은 전문가가 100퍼센트 확신한다고 해도 말이다.

이번에도 예외는 아니었다. 증권회사에서는 지금이 투자하기 가장 좋을 때라고 김갑부 씨를 부추겼지만, 그는 먼저 단골 점쟁이에게 투자 여부를 물었다. 점쟁이는 "서쪽에 구름이 끼었다."며 투자를 막았다. 이에 김갑부 씨는 투자를 포기했다. 아니나 다를까 보름 뒤 주가는 폭락했다. 증권회사를 믿고 투자한 많은 사람들은 손해를 입었다. 결론적으로 김갑부 씨는 손해를 입지 않았다. 그렇다고 해서 그가 점쟁이 덕분에 손해를 입지 않은 것일까? 그의 결정은 '합리적'이니, 우리도 투자할 때면 점쟁이에게 물어보아야 하는가?

어떤 사람이 김갑부 씨를 따라 점쟁이 말을 들어야 한다고 강하게 외친다면, 우리는 그를 가리켜 정신이상자라고 할 것이다. 왜냐하면 그 말은 전혀 합리적이지도, '과학적'이지도 않기 때문이다. 반대로 어떤 이가 경제학 박사인 증시 전문가가 하라는 대로 투자하면, 우리는 그 결정은 합리적이라고 생각한다. 여기서 문제는 증시 전문가의 예측이 점쟁이의 판단만큼이나 자주 틀린다는 점이다. 그런데도 왜 우리는 점쟁이의 말을 믿는 것은 정당하지 않고, 증시 전문가의 말을 믿는 것은 정당하다고 생각하는가?

그건 전문가의 예측이 과학적이기 때문이다. 우리는 과학적인 것은 믿을 만하다고 생각한다. 점쟁이의 말은 왜 과학적이지 않으며, 왜 믿을 만하지 않은가? 대단히 상식적인 것을 심각하게 묻고 있는 듯하지만, 대답하기는 쉽지 않다. 과학을 과학이게끔 하는 것은 무엇일까? 그리고 과학 지식은 과연 확실한가?

코 큰 사람은 잘산다?

종교나 미신과 달리 과학 지식을 확실하다고 보는 이유는 바로 '객관성'에 있다. 과학은 항상 현실에서 출발한다. 먼저 사실을 관찰하며, 관찰한 사실을 모아서 가설을 만들고, 가설이 현실에 들어맞는지를 다시 관찰하는 것이다. 현실에 들어맞으면 이제 가설을 이론으로 세운다. 그리고 이론에 따라 현실을 설명한다. 따라서 과학 이론은 현실을 설명하는 가장 정확한 틀일 수밖에 없다. 증시 전문가도 이런 과정을 거쳐 이론을 만들고 현실을 예측하기 때문에 과학적이라고 볼 수 있다.

그러나 이것만으로는 과학적이라는 것을 보이기에 충분하지 않다. 사실 점쟁이의 작업도 이런 과정이기 때문이다. 그는 수많은 사람을 보고 '코가 큰 사람들은 잘산다.'라는 가설을 세운 뒤, 코가 큰 사람들이 진짜 잘사는지를 관찰한다. 그리고 코가 큰 사람들이 잘사는 경우가 많으면, 이제 '코가 큰 사람들은 잘산다.'라는 관상 이론을 만든다. 이후 이론에 따라 사람의 팔자를 예견한다. 실제로 사주나 관상을 볼 때 쓰는 자료들은 수천 년 동안 중국에서 살았던 사람들을 보고 관찰하여 분류한 통계 자료에 가깝다고 한다.

그렇다면 점쟁이도 사실로부터 가설을 도출하며, 가설로부터 이론을 만들고, 이 이론으로 현실을 설명한다는 점에서는 역시 과학적이지 않을까? 경제학자나 심리학자가 점쟁이나 관상가보다 더 과학적이라고 할 수 있는 이유는 무엇인가?

물은 항상 100도에서 끓을까

이에 우리는 쉽게 답할 수 있다. 과학은 '법칙적'이라는 점에서 미신과 다르다고 말이다. 아무리 용한 점쟁이나 관상가라 해도 앞으로 일어날 사건을 법칙적으로 설명할 수는 없다. 예컨 대 어떤 사람이 부모 무덤 자리가 좋아서 출세했다고 해도, 다른 사람이 바로 그 자리에 무덤을 쓴다고 반드시 출세한다고 는 말할 수 없다. 안수 기도를 받으며 4000대를 맞은 사람이 암을 고쳤다고 해도, 모든 암 환자가 기도하며 4000대를 맞기 만 하면 암을 치료할 수 있다고 말할 수는 없는 것이다. 반면에 과학 지식은 조건만 같다면 모든 경우에 동일한 결과가 생긴 다는 것을 보일 수 있다.

그러나 이런 사실로 과학 지식을 구분하는 것도 뭔가 부족 한 느낌이 든다. 과학도 우리가 생각하는 것처럼 절대적으로 확실한 지식이 아니라, 단지 상대적일 뿐이기 때문이다. '물은

100도에서 끓는다.'는 단순한 과학 명제도 모든 조건에서 참인 듯하지만, 실제로는 물이 늘 100도에서만 끓지 않는다. 측정해보면 물은 102도에서 끓을 수도 있고 98도에서 끓을 수도 있다. 물이 100도에서 끓는다는 것은 '이상적인 조건'에서 그렇다는 것일 뿐, '항상' 그렇다는 것을 보여주지는 않는다.

증권 전문가의 예측도, 의사의 진단도 틀리는 경우가 많다. 그렇다면 과학 지식이 미신보다 나은 점은 단지 예측한 대로 일어날 확률이 더 높다는 것뿐일까? 만약 점성술사가 별자리를 보며 연간 주가를 70퍼센트 이상 맞추고 증시 전문가가 60퍼센트 정도 맞추었다면, 점성술이 경제학보다 더 과학적이며 믿을 만하다고 말해야 하는가?

객관적이라는 환상

그러나 점성술사가 아무리 점을 잘 본다고 해도, 그는 결코 과학자가 될 수 없다. 역설적이게도 점성술사는 '결코 틀릴 수 없기 때문'이다. 행성의 움직임이 예측을 빗나갔을 때, 천문학자는 새로운 가설을 세워 왜 빗나갔는지를 설명한다. 그리고 이를 통해 모두가 공감하는 더 나은 이론을 만든다.

하지만 점성술은 그렇지 않다. 누구나 받아들일 수 있는 '점성학'을 만들 수는 없다. 점괘가 들어맞지 않았다고 해서, 이를 객관적으로 뒤집을 수 있는 방법은 없다. 제각각 자신만의 방법으로 새롭게 해석할 뿐, 보편적인 '이론'일 수가 없는 것이다. 따라서 점성술과 관상학 같은 '사이비 과학'은 세월이 흐르는 만큼 더 확실한 지식을 주는 쪽으로 진보하지 않지만, 진정한 과학은 진보한다. 이제 우리는 과학을 과학이게끔 하는 확고한 증거를 찾은 것 같다. 즉 객관성과 확실성을 보증할 수 있는 과학 지식이란, 바로 반박할 수 있는 지식이다. 그리고 반박할 수 있기 때문에 과학 지식은 역설적으로 확실하고 객관적일 수 있다. 또한 이 때문에 더 정확한 지식 체계로 진보할 수 있다.

그럼에도 이 기준조차도 과학이 진행되는 실제 모습을 보면, 과학 지식을 정의 내리는 데 충분하지 않은 것 같다. 한 이론을 신봉하는 과학자가 결정적인 반박에 부딪혔을 때 자신의 이론을 곧바로 포기하고 새로운 이론을 받아들이길 기대하는 것은 너무도 순진한 발상이다. 백제가 일본을 지배했다고 믿는 학자들이 왜(倭)가 백제를 정벌했다는 기록이 발견되었다고 해서 (물론 그럴 리는 없겠지만) 자신의 주장을 포기하지는 않을 것이다. 오히려 그들은 이 기록이 조작된 것이거나, 아니면

과학적인 지식은 누구에게나 객관적인가?

역사적 사실에 비춰볼 때 백제가 일본을 지배했다는 사실이 위배되지 않음을 보이려 할 것이다.

물론 이 경우 무엇이 참인지를 증명해주는 것은 바로 '객관적 사실'이다. 그러나 문제는 무엇이 참인지를 밝혀주는 객관적 사실이 있다는 생각 자체가 단순한 환상에 지나지 않는다는 점이다. 우리는 결코 '객관적으로' 세상을 볼 수 없다. 비리나 잘못에 대한 책임을 물을 때 사람들은 똑같은 사실을 다루지만, 자신의 관점에서 세상을 바라본다. 천동설을 주장하는 사람들과 지동설을 주장하는 사람들은 양쪽 다 해가 동쪽에서 떠서 서쪽으로 진다는 사실을 똑같이 경험하지만, 자신의 잣대로 현상을 다르게 본다.

과학을 '정확한 지식'이게끔 하는 객관적 사실이란 없다. 과학자들은 각각 자신의 잣대로 현실을 바라보고 해석한다. 그렇다면 과학도 확실한 지식일 수 없다. 이제 과학은 우리가 생각했던 것만큼, 미신이나 신화보다 더 객관적이며 확실한 지식이라고 말하기 어렵다.

과학은 무엇을 책임져야 하는가

한때 과학자들은 객관적 사실을 다루므로 윤리적 책임과는 무관하다고 생각했다. 예컨대 유전자의 구조를 연구하는 사람은 인간 복제 등 유전공학이 가져올 가공할 결과에 대해서는 윤리적 책임이 없다. 그는 '과학적 탐구 정신'으로 유전자의 신비를 밝힐 뿐, 그것이 어떻게 이용될지는 조금도 관심이 없기 때문이다. 과연 그럴까?

만약 어떤 과학자가 순수한 열정으로 인간의 지능을 결정하는 유전 구조를 모두 밝혀내고자 하는데 이 연구에는 수백억 원의 돈이 든다고 한다면, 그는 누구의 도움을 받겠는가? 대개는 그만한 돈을 대줄 수 있는 대기업이나 정부다. 그러나 그 돈을 대주는 사람들이 단지 유전자의 구조를 알고 싶은 호기심에 수백억 원의 연구비를 주겠는가? 연구비를 대는 목적은 유전자 연구가 궁극적으로 이익을 만들어주기 때문이다. 만약 그런 집단이 준 돈으로 지능을 결정하는 유전자 구조를 모두 밝혀냈는데, 독재 정권이 그 지식을 국민 통제에 이용한다면, 연구한 과학자는 책임이 없을까? 과학 지식의 추구는 결코 윤리적 책임으로부터 자유롭지 않다.

나아가 사람들은 자기의 이익을 위해 자신의 주장이 과학적

· **177** ·
과학적인 지식은 누구에게나 객관적인가?

임을 앞세운다. 어떤 이들은 염화불화탄소는 매우 안정된 화학물질이기에 결코 해가 되지 않는다는 사실을 '과학적으로' 입증해 보임으로써, 대량생산해도 좋다는 사회적 합의를 이끌어냈다. 그러나 어느 정도 세월이 지난 지금, 염화불화탄소는 오존층을 파괴하는 주범이라는 사실이 밝혀졌다.

우리가 주목해야 할 점은 바로 여기에 있다. 우리는 '과학적인 것'에 맹목적인 신뢰를 보낸다. 그러나 과학 지식은 결코 우리의 주관적 판단과 무관하게 객관적이지도, 확실하지도 않다. 따라서 우리는 과학에 대한 건전한 비판 정신을 항상 잃지 말아야 한다. 과학은 객관성이라는 미명하에 우리의 윤리적 판단력을 마비시키는 가장 위험한 마약이 될 수 있기 때문이다.

신이 나한테 해줄 수 있는 일이 뭐가 있을까?

"신앙은 검증을 적으로 여긴다."

_쇠렌 키르케고르

· · ·

종교는 암과 같다

생물학자 리처드 도킨스(Richard Dawkins)는《만들어진 신》에
서 이렇게 말한다.

> 신은 이제 필요 없을뿐더러 없애버려야 할 존재다. 종교 때문에
> 숱한 다툼이 일어나며 많은 사람이 죽고 다치지 않는가. 종교는
> 합리가 지배하는 세상에 퍼진 암과 같다.

양심적 병역거부를 예로 들어보자. 집안의 신념에 따라 군
대에 가지 않겠다는 주장은 별 호소력이 없다. 하지만 '신앙'에
따라 군대에 갈 수 없다고 하면 사정이 달라진다. 신앙은 존중
받아야 할 가치로 여겨지기 때문이다.

세상에는 종교를 등에 업은 폭력이 넘쳐 난다. 어떤 이가 자

기 부인을 '보호'한다며 천으로 온몸을 가리라고 요구했다면 어떨까? 과학 교과서에 나오는 지식 대신 수천 년 전에 누군가 가 세상을 만들었다는 것을 억지로 믿게 한다면? 당연히 매우 거부감이 들 테다. 그렇지만 '종교적 믿음'은 이 모든 일에 면 죄부를 준다. 과학 상식에 한참 벗어나도 종교적 믿음은 존중 받는다. 갓난아이의 몸 일부를 도려내는 할례 등도 종교 예식 이므로 막지 못한다.

더 끔찍한 것은 종교에는 설득이 통하지 않는다는 점이다. 과학은 증거와 사례를 들이대며 무엇이 더 옳은지를 토론하게 하지만, 종교는 의심하지 말고 믿으라 한다. 광신자들이 참혹 한 짓을 저지르고도 거리낌이 없는 데는 이유가 있다.

누군가에게는 이런 도킨스의 분석이 불편하게 다가올지 모 르겠다. 종교 비판은 지금보다 17세기 서양에서 더 치열했다. 첨단 과학 시대로 접어든 지금, 종교는 다시 사회문제의 중심 으로 떠오르고 있다. 세계 곳곳에서 종교 갈등이 치열하게 벌 어지고 있으며, 종교 지도자들의 영향력 또한 여전하다. 그렇 다면 과학이 세상을 합리적으로 설명하는 현대사회에서 종교 가 꼭 있어야 하는 까닭은 무엇일까? 종교는 오히려 분란과 혼 란만 낳고 있지 않은가?

물론 수준 높은 종교들은 모두 평화와 용서, 사랑과 자비를 강조한다. 하지만 종교가 있어야만 도덕과 윤리가 제대로 서는 것은 아니다. 종교 없이도 바람직한 사회 가치를 얼마든지 만들고 지킬 수 있다. 그런데 왜 21세기에도 종교의 영향력은 사라지지 않는가? 종교 없는 사회를 생각할 수는 없는 것일까?

신앙과 현실의 이중생활

독재 정부는 진실을 자기 입맛대로 뒤틀어버린다. 예컨대 국민총생산은 계속 줄지만, 정부 홍보 영상에 등장하는 사람들은 초과생산을 즐거워한다. '계속 승전 중'이라는 정부의 발표대로라면 진작에 승리했어야 할 전쟁이 십수년간 지루하게 이어지는 경우도 흔하다.

정작 국민은 무엇이 잘못되었는지 안다. 그래서 정부의 말을 곧이곧대로 받아들이지 않고, 나름의 살길을 찾는다. 놀랍게도 권력자도 그렇다. 권력을 쥔 자는 국민이 자신의 말을 받아들이길 바란다. 또 한편으로는 자기 말을 곧이곧대로 믿지 않기를 바란다. 풍년이라는 발표를 국민들이 그대로 믿어서 주체할 수 없이 소비가 늘면, 무능한 정부가 어찌 뒷감당을 하겠는가? 그래서 독재 사회에서는 '알고 속는 거짓말'이 판친다. 정부 발표 따로, 국민 생활 따로, 서류와 현실의 삶이 제각기 춤추는 모습이 계속된다. 그래도 이상하게 생각하는 사람이 없다. 이른바 '이중 사고'가 이루어지는 까닭이다.

이중 사고가 통한다는 점은 종교도 다르지 않다. 일상에서 우리 조상이 아담과 하와라고 믿는 사람이 많을까? 재판부가 살인범을 '전생의 업보'라며 용서하는 법은 없다. 종교의 믿음대로 현실을 살 수는 없다. 과학은 '신의 뜻'이 먹히던 공간을 줄여놓았다.

그럼에도 종교는 21세기에도 여전히 번창하고 있다. 첨단을 달리는 과학자들도 성당이나 교회, 절에 가서는 '신의 뜻'을 따른다. 창조론과 진화론을 동시에 받아들여도 이상하지 않다. 과학 법칙을 철저하게 믿으면서도 '신의 은총'으로 문제를 풀어달라고 기도한다. 현실 따로, 신앙 따로인 이중생활을 하는 셈이다.

하지만 역사는 과학이 미신과 종교를 밀어내면서 발전했다. 장티푸스는 귀신이 옮긴다고 믿는 세상에서 인류는 질병의 굴레를 벗어나지 못했다. 눈에 보이는 결과로 확인시켜주는 과학의 논리를 따를 때, 세상의 문제는 하나하나 해결된다.

반면에 종교는 어떤가? 키르케고르는 "신앙은 검증을 적으로 여긴다."라고 말한다. 종교는 합리적인 생각을 두려워한다.

신이 나한테 해줄 수 있는 일이 뭐가 있을까?

현실을 자기의 믿음에 끼워 맞추며, 현실과 어긋난 신의 말씀은 '믿음의 부족' 탓으로 몰아붙이며 더 열정적인 믿음을 요구한다. 그러니 발전이 있을 리 없다. 유능한 의사는 기대나 소망에 귀 기울이지 않는다. 그는 드러난 증상과 가능한 처방만을 염두에 둘 뿐이다. 반면에 종교인들은 자신의 바람에 주목하고, 이를 신에게 들어달라고 빈다. 좋은 결과는 물론 과학을 따르는 의사에게 돌아가곤 한다.

과학을 신으로 삼다

21세기에 들어선 지금, 독실한 믿음이 광신과 테러를 떠올리게 하는 일들이 일어난다. 이익을 놓고 생긴 다툼은 타협점을 찾을 수 있다. 하지만 종교 갈등은 조정과 대화가 아주 어렵다. 미국의 정치학자 새뮤얼 헌팅턴(Samuel Huntington)은 이런 말을 했다.

이슬람 성전을 지어야 할지, 힌두교 신전을 지어야 할지 문제는 두 건물 모두를 지어도, 혹은 아예 어떤 건물도 짓지 않아도, 또는 이슬람과 힌두교를 적당히 합친 건물을 짓는다 해도 해결되지 않는다.

종교를 반대하는 이들의 말을 들으면 이제 종교를 안락사해
야 할 때가 된 듯하다. 종교 없는 사회는 가능할뿐더러, 반드시
그런 사회를 만들어야 한다. 물론 종교는 사회에 좋은 역할도
한다. 아랍 사회는 부족 중심이다. 수천 년을 해묵은 그네들의
갈등과 다툼에는 탈출구가 없었다. 이슬람은 그들에게 비로소
화해의 실마리를 던져주었다. 사랑과 평화라는 이슬람의 높은
이상은 부족들이 눈앞의 이익에서 한발 물러서 손을 맞잡게
하는 역할을 했다.

어느 사회에서나 종교인들은 법으로도 풀기 힘든 문제들을
해결해주곤 한다. 종교는 오랜 세월 동안 높은 권위를 쌓아왔
다. 게다가 고등 종교들은 감히 맞서기 힘든 지고한 가르침을
펼치기에 떨쳐버리기 어렵다.

하지만 이런 종교의 역할 역시 과학이 충분히 대신할 수 있
다. 일찍이 오귀스트 콩트(Auguste Comte)는 과학을 신으로 삼
은 '인류교(L'Humanité, 위마니테)'를 세웠다. 과거에는 교회와
종교적 믿음이 유럽을 하나로 만드는 원리였다. 그러나 과학
이 발전하면서 교회의 권위는 흔들렸고, 더 이상 종교는 사회
의 지도 원리가 되지 못했다. 이런 상황에서 콩트는 '하느님 없

는 가톨릭교'라 할 만한 인류교를 새롭게 내세웠다.

콩트는 인류교에서 하느님의 자리를 '대존재'로 대신한다. 대존재란 '인류'를 뜻한다. 나아가 그는 '실증적 신앙'을 내세운다. 구체적인 내용은 이렇다. 과학이 사회를 설계하고 이끌어야 하며, 그 역할을 할 사람들은 산업 엘리트들이다. 사람들은 인류 공영이라는 큰 가치를 지향하며, 인류가 추구하는 가장 높은 가치는 사랑과 봉사다.

그는 종교의 구체적인 형식을 만들기도 했다. 자신이 만든 '실증주의력(曆)'에 맞춰 사회 진보에 공헌한 사람들을 섬기는 제사를 지내는 식이다. 그는 이런 위령 미사를 통해 어수선한 사회를 하나의 공동체로 묶을 수 있다고 믿었다.

종교에게 물어야 할 것

콩트의 인류교는 종교가 가진 마지막 보루마저 없애버렸다. 종교가 했던 봉사와 용서 등의 사회적 역할까지 과학이 대신한다면, 도대체 종교가 있어야 할 까닭은 무엇인가?

하지만 종교는 21세기에 더욱 타오르고 있다. 이제 유럽과 미국을 뺀 전 세계에서는 종교 광풍이 일고 있다. 종교를 없애려 했던 옛 사회주의권에서는 신앙부흥 운동이 한창이다. 지구 위에는 이라크 전쟁을 비롯하여 종교를 명분으로 한 전쟁이 끊이질 않는다.

헌팅턴은《문명의 충돌》에서 세상을 중화, 일본, 힌두, 이슬람, 정교, 서구, 라틴아메리카, 아프리카의 여덟 개 문화권으로 나눈다. 종교를 바탕 삼아 세상을 나누는 셈이다. 헌팅턴식의 분류는 우리에게 놀라운 통찰을 준다. 유럽의 교회당은 이미 오래전부터 텅텅 비어 있었다. 그래도 유럽 사람 상당수는 태어나면 유아세례를 받는다. 또한 그 사회를 '기독교' 문화권이라고 딱지를 붙여도 별로 불편해하지 않는다. 우리도 마찬가지다. 우리 사회는 '유교' 문화권으로 통한다. 기독교나 불교 신자라 해도, 이 말에 얼굴 붉힐 사람은 많지 않다.

이처럼 종교는 단순히 신앙에 그치지 않는다. 종교는 오랜 역사와 더불어 한 사회의 '문화 자체'가 되어버렸다. 심지어 히틀러조차 개신교와 가톨릭교를 뿌리치지 못하고 '제3제국의 두 기둥'으로 받아들일 정도였다. 그래서 나치스 병사들의 허리띠 버클에는 "신이 우리와 함께하신다."라는 문구가 새겨져 있었다. 이렇게 종교는 신앙을 뛰어넘어 한 사회를 나타내는 정체성의 핵심이다.

그렇다면 우리는 '종교 없는 사회는 가능한가?'라는 물음을

신이 나한테 해줄 수 있는 일이 뭐가 있을까?

정교하게 다듬어야 한다. 이 물음은 '전통문화 없는 사회는 가능한가?'라는 질문과 다름없다. 종교에는 불합리하고 어리석은 측면이 많다. 그래서 앞서 도킨스의 독설에 반박하기란 쉽지 않다.

하지만 종교는 도킨스가 지적하는 바로 그 이유 때문에 사회에 꼭 필요하다. 모든 이해와 합리적인 사고를 넘어서서 '사회를 이루는 그 무엇(paideuma)'을 지키는 힘이 되는 까닭이다. 추석 때마다 우리는 엄청난 민족 대이동을 겪는다. 어찌 보면 전 국민이 짧은 시일 동안 한꺼번에 이동하는 일은 어리석게 보인다. 조상을 숭배하는 유교 사상이 없었다면 이런 '이벤트'가 과연 가능할까?

불합리해 보여도 오래 지속되는 일에는 대개 합리성이 숨어 있는 법이다. 물자를 아껴 거친 환경에서 살아남으려면 금식과 금욕이 절실할 수밖에 없다. 기독교의 고행과 이슬람의 금식주간인 라마단은 중동에서는 엄격하게 지키지만, 열대지방에서는 그다지 잘 지키지 않는다. 종교가 한 문화권에서 긴 세월 동안 '살아남는 데는' 나름의 이유와 합리성을 갖추고 있음을 잊어서는 안 된다.

물론 종교는 시대의 문제를 해결하며 진화해간다. 21세기 초반은 종교 충돌이 두드러진 시대다. 이제 다시 질문을 던져보자. 종교 없는 사회가 가능하지 않다면, 과연 다른 신앙과 갈등을 일으키지 않는 종교는 가능한가? 우리에게 절실한 물음은 이것이다.

4부

안갯속에서
길을 찾다:

미래를
준비하는
물음

사회가 발전할수록
나도 더
행복해질까?

세상이 더 풍요로워지고, 인권에 대한 보호가
철저해지면 나는 더 행복할까?

···

자원의 저주

대가 없이 이루어지는 일은 없다. 경제 발전도 그렇다. 산업이 커나갈수록 자원은 더 많이 고갈된다. 환경 파괴는 말할 것도 없다. 기업의 성장도 그렇다. 한 기업이 시장에서 압도적인 위치를 차지한다고 하자. 이는 나라 경제에 도움이 될까?

정부는 더 많은 세금을 거둘 테다. 하지만 시장을 독차지한 그 기업 때문에 많은 회사가 문을 닫거나 어려움을 겪을 것이다. 그러면 정부가 돌보아야 할 실직자와 생활보호 대상자도 늘어난다. 복지에 써야 할 돈도 덩달아 많아진다. 선진국들이 재정 적자가 심각한 이유는 여기에 있다.

이런 문제는 전 세계에서 똑같이 벌어진다. 몇몇 나라의 빠른 발전은 다른 나라에 해가 되기도 한다. 경제학에서 말하는 '자원의 저주(resource curse)'만 해도 그렇다. 자원의 저주란 '에너지, 식량 등 자원이 풍부한 국가일수록 경제가 망가지고 삶의 질은 떨어지는 현상'을 일컫는다. 콩고, 나이지리아, 앙골라 같이 천연자원이 넘치는 아프리카 국가를 보라. 이들 나라에서는 자원을 차지하려는 강대국들의 힘겨루기로 전쟁이 끊이지 않는다. 자원이 없었다면 평화롭게 잘 지냈을 나라들이다. 무역 규모가 커지고 세계경제가 성장할수록, 지구 어딘가는 더 황폐한 가난의 나락으로 떨어지고 있다.

사탕의 단맛에 빠지다 보면 이가 썩는다는 사실을 잊기 쉽다. 우리 문명도 이 꼴이지 않을까? 과학기술은 날로 발전하고 있다. 경제 규모와 무역량도 점점 커진다. 이를 두고 문명이 '발전'한다고 할 수 있을까?

전 세계가 비슷해진다

흔히들 중국이 '무섭게 성장하는 중'이라고 말한다. 반면에 북한 같은 나라는 '정체되어 있으며', OECD 국가들은 '앞서가고 있다'고 평가하곤 한다. 어떤 잣대를 들이댈 때 이런 결과가 나올까?

우리는 은연중에 '문명 발전의 표준 진도표'를 머릿속에 두고 있는 듯하다. 여기서 '경제 수준'과 '민주화'는 발전 정도를 가늠하는 중요한 기준이 된다. 이 점은 역사철학에서도 다르지 않다.

마르크스는 역사는 원시공산제, 고대 노예제, 중세 봉건제, 자본주의, 공산주의 순으로 발전해간다고 했다. 경제 수준이 나아질수록 사회제도나 도덕 수준도 덩달아 높아지는 식이다. 헤겔도 역사를 '인간의 자유가 확대되어나가는 과정'이라고 보았다.

이들의 역사철학으로 볼 때 경제가 뒷걸음질치고 민주화가 더딘 집단은 '퇴보한다'는 평가를 받는다. 나아가 세상에는 어느덧 '산업화=서구화=역사 발전'이라는 공식이 자리 잡았다. 산업화된 나라들은 서로 비슷해진다. 중국 상하이의 풍경이 미국 뉴욕을 닮아가듯, 세계 산업의 중심 도시들의 모양새는 비슷해진다.

심지어 먹거리와 옷, 도덕이나 법률까지도 유사해진다. 예전에 중국인은 차, 영국인은 홍차, 미국인은 커피를 즐겼다. 그러나 지금은 중국인도, 영국인도, 미국인도 스타벅스에서 커피를 홀짝인다. 입맛도 비슷해져서, 맥도날드 매장은 전 세계 어디에서나 성황을 이룬다.

인권 문제를 비롯한 예민한 사안의 법률에서도 '국제 기준'

이라는 표현이 낯설지 않다. 서구의 음식과 문화를 따르는 이들은 대개 젊다. 서구화된 대상에는 세련된 것, 발전된 것이라는 이미지가 따라붙는다.

이렇게 볼 때 세계 문명은 발전하는 것이 분명하다. 세상은 점점 비슷해지고 있으며, 그 방향은 '서구화'다. 여성에게 히잡을 씌우고, 이자 주고받기를 금지하는 이슬람 문명은 발전의 걸림돌처럼 그려지기도 한다.

세상은 세계화, 서구화되고 있다. 수백 년 전 세계와 비교하면 지금 재화의 생산량은 엄청나게 늘었다. 인권이나 민주화 수준도 상당히 높아졌다. 그렇다면 문명이 발전하고 있음은 자명한 사실이 아닐까?

위험 사회론

'산업화＝서구화＝역사 발전'이라는 공식에 고개를 갸웃하는 이들도 적지 않다. 산업화와 세계화가 한창 진행된 20세기 초, 세계대전이 일어나리라고 예상한 사람은 많지 않았다. 온 세계가 이해관계로 하나가 되어 있었던 탓이다.

지금 우리와 일본 사이를 예로 들어보자. 우리나라 사람들은 과거사 문제에 관련해서는 일본에 대한 감정이 좋지 않다. 그러나 섣불리 전쟁이 날 것 같지는 않다. 우리와 일본의 경제가 긴밀하게 이어져 있기 때문이다. 관계가 삐걱거리기만 해도, 관광 업체, 수출 업체 등 여기저기서 못 살겠다는 아우성이 터져나오지 않던가. 잇속이 얽혀 있을수록 맞붙어 싸우는 일은 줄어든다.

제1차 세계대전 직전의 유럽 상황도 마찬가지였다. 산업과 무역의 발전은 유럽 모든 나라의 경제를 한데 얽히게 했다. 상대가 망하면 우리도 무너지는 상황, 전쟁은 쉽게 터질 것 같지 않았다.

그럼에도 전쟁은 일어났고, 그 참혹함과 잔인함은 이전에 일어난 재난을 뛰어넘는 수준이었다. 산업화와 서구화는 전쟁의 참담함을 줄이는 데 있어서 '발전'을 이루지 못한 셈이다. 지금도 상황은 달라지지 않았다. 산업이 발전할수록 핵무기 등 대량 살상 무기의 파괴력은 날로 커지기만 한다.

어디 그뿐이던가. 예전에는 대규모 재난이 지진, 태풍 같은 자연재해로 인해 일어났다. 그러나 현대사회에서는 언제고 끔찍한 대형 참사가 벌어질 수 있다. 독일의 사회학자 울리히 벡은 《위험사회》에서 우리가 처한 위험을 제대로 짚어준다.

예전에는 산불이 나도 피해 지역은 인근 마을 정도였다. 하지만 지금은 그렇지 않다. 세상에는 원자력발전소가 숱하게 있다. 그중 하나에 이상이 생겨서 대규모 방사능 유출이 일어났다고 해보자. 2011년 동일본대지진 때 후쿠시마 원자력발전소 사고처럼 말이다. 이는 인근 마을에만 피해를 주고 끝나지 않는다. 극히 일부에서 일어난 사고라도 세계 전체가 커다란 위험에 빠지게 된다.

전염병은 또 어떤가. 대부분의 세계인이 자유로이 이동하는 상황에서 조류독감 등의 새로운 바이러스는 페스트 이상의 공포로 다가온다. 우리는 온 세상이 인터넷으로 연결되어 있음을 뿌듯해하지만, 해커들이 주요 서버를 무너뜨리는 순간 닥칠 재앙은 '무엇을 상상하든 그 이상'일 것이다.

삶이 더 안전해지고 위험이 줄어들 때 우리는 생활이 '진보'했다고 말한다. 그러나 현대사회에서 재앙의 위험은 더 커지고, 재앙이 일어날 가능성도 높아졌다. 그래도 우리는 역사가 진보하고 있다고 감히 말할 수 있을까?

'멋진 신세계'는 진짜 멋진 세상일까

이제 우리는 더 깊은 물음을 던져봐야 한다. 과학이 발전하면 언젠가는 위험 소지가 모두 사라질지 모른다. 가난과 배고픔, 질병이 전부 사라질 수도 있다. 우리의 문명은 현재 이런 방향을 향해 나아가고 있다. 그렇다면 역사는 진보하고 있다고 말할 수 있지 않을까? 설사 현대 문명이 위태위태해 보인다 해도, 이는 결국 스러질 '과정상의 문제'에 지나지 않는다.

올더스 헉슬리(Aldous Huxley)의 《멋진 신세계》를 떠올려보라. 소설 속에 등장하는 세상은 말 그대로 '멋진 신세계'다. 사람들은 늙지 않으며 죽을 때까지 청춘의 삶을 산다. 배고픔이나 노동의 고달픔도 사라진 지 오래다. 우울하고 슬픈 감정이 생길 틈도 없다. 그곳 사람들은 '소마(soma)'라는 부작용 없는 마약을 먹는다. 이 약을 복용하면 괴로움은 금세 사라져버린다.

슬픔도, 고통도 없는 세상. 사람들은 여기서 행복하게 살아간다. 하지만 정작 《멋진 신세계》의 주인공은 소마를 거부한다. 스스로를 채찍으로 때리며 '빌어먹을 신세계'를 저주한다. 왜 그럴까?

《멋진 신세계》는 '돼지의 행복'이 이루어진 세상이었을 뿐이다. 인간은 등 따뜻하고 배부른 것 이상을 바란다. 철학자 장자크 루소(Jean Jacques Rousseau)는 기술 발전이 오히려 인류를 불행으로 몰아넣었다고 말한다. 그는 이른바 '고귀한 야만인(noble savage)'을 애틋한 눈으로 바라본다.

루소에 따르면, 인간 세상은 원래 따뜻하고 평화로웠다. 배를 채울 소박한 먹거리, 베개가 되어줄 나뭇등걸, 햇볕과 비를 피할 그늘만 있어도 인류는 행복할 수 있다. 그러나 문명의 발전은 쓸데없는 욕심을 불러일으켰다. 단순히 배불리 먹고 추위를 막기 위해 입는 것을 넘어, 남보다 좋은 것을 먹고 멋진 옷을 입고 싶다는 욕망에 사로잡힌 순간, 인간 사회는 괴로움으로 가득 찬다.

　우리는 한 세대 전 사람들보다 훨씬 풍요로운 삶을 누리고 있다. 하지만 박탈감과 헛헛함, 고독감은 더 크게 느낀다. 세상이 더 풍요로워지고, 인권에 대한 보호가 철저해지면 나는 더 행복할까?

　행복 수준에서 보면, OECD 국가나 부탄 수준의 경제력을 가진 나라나 큰 차이가 없다고 한다. 그래도 우리는 '발전'을 위해 아득바득한다. 과연 우리가 돈을 많이 벌고 풍요로워지면 더 행복할까? 과학기술이 날로 발전하고 국민소득이 늘어나도 '문명이 진보하고 있는가?'라는 물음에 쉽사리 고개를 끄덕일 수 없는 이유다.

'진보'를 보는 눈

현대사회의 경쟁은 세계적인 차원에서 이루어지고 있다. 조금만 한눈팔았다가는 어디까지 밀려날지 모른다. 하지만 치열한 경쟁은 정작 중요한 물음을 잊게 만든다. '어떻게 하면 경쟁에서 앞설까?'라는 물음은 후순위 문제일 뿐이다. 가장 중요한 물음은 '우리는 무엇을 위해 경쟁을 하는가?'다.

문명의 진보란 무엇일까? 이 물음에 답하기 위해서는 먼저 '바람직한 문명'이 무엇인지부터 물어야 한다. 따뜻하고 살가운 인간관계, 안전하고 편안한 환경, 예측 가능한 미래 등 우리를 행복하게 할 것을 손꼽아보는 일은 어렵지 않다.

그렇다면 우리가 사는 사회의 '성장'은 어느 쪽을 향해 가고 있는가? 경제가 발전할수록 인간관계는 살갑고 따뜻한가? 주변 환경은 안전하고 편안한가? 미래는 예측 가능하며 열심히 일하면 잘살 수 있다는 확신이 드는가?

산업 전체로 볼 때 인류의 산업 생산력은 전 인류가 편안하게 살 수 있을 수준에 다다랐다고 한다. 그럼에도 불구하고 우리는 더 많은 것, 더 풍요로운 것을 '진보'라고 여긴다. 이런 잣대로 진보를 바라보는 한, 인류가 행복에 이를 가능성은 거의 없다.

‘문명은 진보하고 있는가?’는 제대로 된 물음이 아니다. 이 물음이 의미를 지니려면 ‘올곧은 문명은 무엇인가?’라는 물음부터 확실하게 다잡아야 한다. 진보를 이루기 위한 첫 번째 관건은 ‘성찰’이다. 제대로 된 문명과 삶이 무엇인지 고민하고 또 고민해야 한다.

모두에게 올바른 역사는
과연 가능할까?

과거를 있는 그대로 밝혀냈다고 해서
역사가 되지는 않는다.

...

친일파의 일기

고부군수 조병갑은 탐관오리 가운데 으뜸이었다. 5만 냥으로 벼슬을 산 그는 갖가지 이유로 세금을 거두어 자기 주머니를 채웠다. 참다못한 백성들이 마침내 민란을 일으켰다. 이것이 동학농민운동이다.

동학농민운동이 끝난 후 조병갑은 어떻게 됐을까? 나라가 결딴날 지경에 이르렀으니 당연히 능지처참당했을 듯싶다. 하지만 그는 1년 반 남짓 유배당하는 시늉을 했을 뿐, 이내 고관대작으로 다시 돌아왔다. 대한제국 고등 재판관으로 임명된 조병갑은 동학농민운동의 지도자 가운데 한 명이었던 최제우에게 사형선고를 내렸다. 관직은 돈으로 사고팔리는 '장물'일 뿐이고 부패한 관료가 되레 떵떵거리는 나라, 조선에는 희망이 없었다. 이런 상황에서 조선의 젊은이들은 무슨 생각을 했을까?

나는 이 질문이 불편하다

나는 조선의 독립 문제에는 관심이 없습니다. 현재와 같은 정부를 두고는 독립해도 민족에게 아무런 희망을 주지 못할 것입니다. 반대로 애족적이고 인민의 복지에 호의적인 관심을 가진 더 나은 정부를 가진다면 다른 나라에 종속됐다 해도 재앙은 아닙니다.

윤치호가 1889년 12월에 썼던 일기이다. 독립운동에 앞장섰던 윤치호는 후에 친일파로 돌아섰다. 백성을 편안하게 하지도 못하고 정의롭지도 않은 조국에 매달려야 할 이유가 그에게 있었을까? 그 당시 썩어 빠진 조선 정부는 백성을 들들 볶아 자기 뱃속만 채우려 한다는 점에서는 일본과 별다를 바가 없었다. '도긴개긴'의 상황이라면 문명개화를 앞세우는 일본에 기대는 편이 구제 불가능한 조선보다 더 낫지 않을까?

올곧은 역사를 둘러싼 논쟁

만약 21세기에 이런 논리로 "차라리 대한민국은 힘센 나라의 속국이 되는 편이 낫다."고 주장하는 이들이 있다면 민족의 반역자로 몰려 치도곤을 치를지 모르겠다. 하지만 세상을 보는 눈은 시대에 따라 달라지는 법이다.

1789년 프랑스혁명이 일어나자, 유럽의 지식인들은 곳곳에 '자유의 나무'를 심었다. 혁명을 지지한다는 뜻을 밝히기 위해서였다. 프로이센-오스트리아 연합군이 프랑스와 전쟁을 일으키자, 프로이센과 오스트리아의 지식인들은 되레 프랑스 혁명군의 편을 들었다. 혁명이 앞세우는 '자유, 평등, 박애'의 정신이 자기 나라 왕들보다 인류의 발전을 이끌리라는 희망 때문이었다.

우리 시대에는 국가와 민족의 입장에서 역사를 바라보고 평가하는 것이 당연한 듯 여겨진다. 민족 편에 섰으면 우국지사, 반대편에 서 있으면 민족 반역자로 여기는 식이다. 하지만 역사를 보는 눈은 시대에 따라 얼마든지 달라지곤 한다. 친일에 대한 평가가 줄곧 논란에 휩싸이는 이유는 여기에 있다. 물론 부귀영화를 누리겠다고 친일한 자들에게는 변명의 여지가 없다. 그러나 윤치호 같은 인물은 어떻게 바라보아야 할까?

해방이 되자 윤치호는 스스로 목숨을 끊었다. "모든 친일파와 민족 반역자는 삼가라." 그가 남긴 유언이다. 역사 문제는 우리 사회에서 뜨거운 논쟁거리다. 누구나 역사를 바로 세워야 한다며 목소리를 높인다. 하지만 과연 올곧게 선 역사란 무엇인가? 아니, 올곧은 역사라는 것이 가능하기는 할까?

사실과 원인 사이에서

올곧은 역사에 대한 레오폴트 랑케(Leopold von Ranke)의 생각은 분명했다. 그에 따르면 "역사학이란 과거 사실 그 자체를 위한 학문"이다. 따라서 역사학자는 "그것이 진실로 어떠했는가?"를 밝혀내기만 하면 된다. 이것이 랑케를 실증주의 역사학자라 부르는 이유다.

　그는 역사가는 자신의 생각이 없어야 한다고 강조한다. 편견 없이 과거를 바라보고 있는 그대로 설명하라는 뜻이다. "다만 사실로 하여금 스스로 말하게 해야 한다." 사실 그대로를 밝혀서 보여준다면 무엇이 옳고 진실인지가 저절로 드러날 테다. 이렇게 본다면 역사는 과학과 다를 바 없다. 자연법칙을 찾아내는 과학처럼, 역사도 존재했던 사실을 객관적으로 밝혀내기만 하면 된다.

　그러나 역사 논란은 랑케의 생각처럼 과거를 명쾌하게 드러낸다고 해서 잠잠해지지 않는다. 에드워드 카(Edward Carr)의 설명을 들어보자.

　　존스는 평상시보다 조금 더 술을 마신 상태에서 운전하던 중 로빈슨을 치어 죽였다. 당시 도로는 무척 어두웠으며 급하게 휘어

져 있기까지 했다. 자동차는 일주일 전에 정밀검사를 받았음에
도 브레이크가 제대로 작동하지 않았다고 한다. 죽은 로빈슨은
도로변에 있던 담배 가게에 가기 위해 무단 횡단을 하다 변을
당했다.

카가《역사란 무엇인가》에서 드는 사례다. 그는 역사란 "원
인에 대한 연구"라고 말한다. 과거를 있는 그대로 밝혀냈다고
해서 역사가 되지는 않는다. 원인을 무엇으로 보는지에 따라
어떻게 미래를 설계해야 할지도 달라지기 때문이다.

예를 들어보자. 앞서의 자동차 사고의 '원인'을 어둡고 급하
게 휘어진 도로 사정에서 찾는다고 하자. 혹은 존스가 술을 마
시고 음주 운전을 했다는 사실을 원인으로 꼽을 수도 있다. 아
니면 정비를 했음에도 브레이크가 제대로 작동하지 않은 점을
눈여겨볼 수도 있다. 원인을 무엇으로 보는지에 따라 사고에
대한 처방과 대책은 완전히 달라질 것이다.

반면에 로빈슨이 담배를 피웠기 때문에 사고를 당했다고 하
면 어떨까? 카는 이를 '합리적 원인'으로 보기 어렵다고 말한
다. 담배를 피운다고 해서 자동차 사고에 더 많이 노출되리라
보기는 어렵기 때문이다.

역사의 아버지라고 불리는 헤로도토스도 역사는 '원인을 밝

히는 것'이라고 강조한다. 신의 뜻이나 운명 같은 이유를 끌어들이지 않고 사실관계를 따져 왜 어떤 일이 벌어졌는지를 밝힌다는 의미다. 역사가 단지 과거 사실을 드러내는 데에서만 그친다면 역사는 호기심을 채워주는 소일거리일 뿐이다. 역사는 미래를 위해 의미 있는 작업이어야 한다. 옛일에 비추어 현실에서 벌어진 일들의 의미를 설명해주고 대안도 내놓을 수 있어야 한다는 뜻이다.

미래를 위한 의미 있는 작업

1945년, 제2차 세계대전이 끝난 뒤 여러 나라에서는 해마다 종전 기념식을 치렀다. 서방 연합국들에 5월 8일은 나치 독일에 승리한 영광을 되새기는 날이었다. 러시아는 5월 9일마다 '대(大)조국 전쟁' 기념식을 치른다.

2000년대 들어 유럽에서 전승 기념일은 '전쟁 기념식'으로 바뀌는 모양새다. 2004년, 노르망디 상륙작전 기념식에 패전국인 독일 총리가 초청받았다. 승자와 패자가 함께 모여 전쟁의 경험을 되새기며 무엇을 배워야 하는지, 앞으로 어떤 세상을 만들어야 하는지에 대해 곱씹는 자리를 가진 셈이다.

모두에게 올바른 역사는 과연 가능할까?

프랑스와 독일의 화해를 통해, 모든 사람들이 증오 속에는 미래가 없으며 평화에 이르는 길은 언제나 열려 있다는 사실을 알게 되었습니다. 온 유럽이 함께 추구하는 가치 아래, 우리의 역사와 화해하는 유럽의 길을 함께 갈 것임을 우리는 다시 한번 힘주어 말합니다. …… 우리는 조상들이 목숨 걸고 지키려 한 인간 존중, 정의, 대화와 관용이라는 휴머니즘의 가치를 소중하게 지키며 발전시켜나갈 것입니다. 다양한 사람, 다양한 생각, 다양한 문화와 시민들이 존중받는 자유롭고 발전된 세계를 우리 함께 만들어나갑시다.

노르망디 상륙 60주년 기념행사에서 당시 프랑스 대통령인 자크 시라크가 했던 연설이다. 역사는 우리 사회에서도 뜨거운 감자다. 진보와 보수의 대립, 6·25 전쟁의 성격을 둘러싼 남북 역사 갈등, 간도와 동북공정 등을 둘러싼 중국과의 역사 전쟁, 위안부 문제 등을 둘러싼 일본의 과거사 사과 문제처럼 역사를 놓고 벌어지는 논란은 수도 없이 많다.

우리는 왜 중국, 일본과 역사 논쟁을 벌여야 할까? 20세기 초, 여러 나라들은 다른 국가와 맞서기 위해 자신들이 얼마나 뛰어난 민족인지를 '역사적으로 증명'하려 했다. 독일은 자신들의 과거를 '아리안족의 역사'로 내세웠고 일본은 자신들이

'야마토 민족(大和民族)의 후예'라며 가슴을 내밀었다. 우리 스스로를 '단군의 후예', '배달민족'으로 일컫기 시작한 것도 그즈음이다. 지금의 역사 논란도 이때와 크게 달라 보이지 않는다. 고구려와 발해가 어느 나라의 역사인지, 백제와 일본의 관계는 어떠한지를 두고 한·중·일 세 나라는 미묘한 갈등에 휩싸이곤 한다.

그러나 논쟁에 뛰어들기에 앞서 '이런 논란을 통해 어떤 세상을 만들고 싶은지'부터 먼저 물어야 하지 않을까? 독일과 프랑스는 함께 집필한 공동 역사 교과서를 펴냈다. 머리말에서 책을 쓴 이들은 집필 이유가 "다양성 속의 통일'이라는 유럽연합의 가치를 증명"하는 데 있다고 힘주어 말한다.

이런 교과서로 배운 학생들은 유럽이라는 울타리를 함께 만드는 데 필요한 교훈을 얻는 목적으로 역사를 들여다볼 것이다. 한·중·일 세 나라의 청소년들은 어떨까? 우리의 역사 바로세우기는 무엇을 목적으로 하고 있을까? 중국과 일본 정부가 원하는 역사 교육이 그대로 이루어지면, 이를 배운 그 나라 청소년들은 미래를 어떤 세상으로 만들고 싶어 할까?

우리의 역사는 무엇을 담을 것인가

칼 마르크스는 역사를 '가진 자와 못 가진 자의 투쟁'이라는 틀로 바라본다. 철학자 헤겔은 역사를 '자유의 확대 과정'으로 여긴다. 북한에서 역사는 김일성 일가가 외세와 싸우며 조국 독립과 번영을 이루어나가는 과정일 뿐이다.

그렇다면 우리의 역사 교과서는 역사를 무엇을 향해 나아가는 과정으로 그리고 있을까? 무엇이 올바를지는 대한민국이 미래에 어떤 나라가 되고 싶은지에 따라 달라질 테다. 그렇다면 우리의 역사 교과서가 담아야 할 올곧은 역사는 과연 어떤 모습인가? 역사를 공부하기 전에 먼저 진지하게 고민해보아야 할 물음이다.

일자리가
줄어드는 것은
걱정해야 할 일일까?

---◆---

"우리의 손자들은 크게 늘어난 여가 시간을
어떻게 보낼지 고민하게 될 것이다."

_존 케인스

· · ·

새로운 적을 상대하는 법

'프랑크족의 침입'(이슬람 세계에서는 십자군 전쟁을 이렇게 부른다) 당시, 이슬람 군인들은 무척 당황했다. 먼저 그들은 엄청난 숫자의 적군이 왜 나타났는지조차 이해하지 못했다. 당시 이슬람인들은 기독교도들을 '성서의 형제들'로 존중했다. 기독교인들이 예루살렘으로 가는 성지순례 루트도 당시로서는 안전한 길로 꼽혔다. 그런데도 '십자군'들은 '신앙'을 지키기 위해 이슬람인들을 향해 무기를 들었다고 한다. 이 사실을 도대체 어떻게 받아들여야 한단 말인가?

게다가 이슬람 군인들에게는 유럽의 기사들에 맞설 대책이 없었다. 이슬람 부족들끼리의 전쟁에서는 군인들이 별다른 보호 장구 없이, 활과 같은 빠르고 가벼운 무기로 싸웠기 때문이다. 그들은 무거운 철제 갑옷을 두른 채 말을 타고 쏜살같이 달려드는 기사를 본 적이 없었다.

1099년 7월, 십자군은 예루살렘을 차지했다. 이슬람 측은 숫자가 훨씬 많았음에도 '새로운 적' 앞에서는 전혀 힘을 쓰지 못했다. 알지 못하는 적에게 기존의 싸움 방식은 먹히지 않았다. 그럼에도 그들은 예전 전투 방식을 고집했다. 달리 어쩔 도리가 없었던 탓이다. 이런 모습은 역사 속에서 숱하게 반복되곤 한다. 칭기즈칸에 맞선 유럽, 조총으로 무장한 왜군에 맞선 조선 등등 시대에 뒤처진 대책을 고집했던 사례들은 셀 수 없이 많다.

전략 전술을 세울 때 주적(主敵) 개념은 무척 중요하다. 예컨대 우리나라가 주적을 북한으로 삼았을 때와 '아시아의 주변 열강들'로 잡았을 때의 군대 운영은 완전히 달라진다. 북한이 주적이라면 육군을, 주변 세력에 집중할 때는 해군과 공군을 키우는 데 공을 들여야 한다.

시대와 상황이 바뀌면 주적도 바뀌기 마련이다. 하지만 주적이 달라졌다는 사실을 인정하기는 쉽지 않다. 기존의 이해관계가 완전히 틀어지는 탓이다. 예컨대 육지 대신 바다에 집중해야 한다고 주장한다면, 육군 장교들은 이 사실을 고분고분 받아들일까? 사회는 언제나 이해득실이 실타래처럼 얽혀 있다. 때문에 시대의 핵심 문제가 바뀌었음에도 사회가 일사

분란하게 대처하는 경우는 좀처럼 일어나지 않는다. 앞서의 이슬람 군인들도 다르지 않았다. 그들이 십자군이라는 새로운 적에 맞서는 방법을 세울 때까지는 반세기 가까운 세월이 필요했다.

헨리 포드의 무모한 시도

'제4차 산업혁명'을 대비해야 한다는 목소리가 높다. 학교에서도 새 시대에 맞게끔 교육과정과 프로그램을 바꾸려는 움직임이 활발하다. 교육에서 미래를 위해 대비해야 할 '주적'이 달라졌기 때문이다. 우리 교육의 목표는 인내력과 꾸준함을 앞세우는 산업화 역군에서 창의성과 도전 정신 등으로 무장한 제4차 산업혁명 시대의 인재 양성으로 바뀌어야 한다.

하지만 우리 교육의 '전략 전술'은 바뀐 '주적'에 제대로 통할 수 있을까? 교육계에서는 코딩과 3D 프린팅, 드론 같은 제4차 산업혁명 시대의 '핵심 기술'을 가르쳐야 한다는 주장이 힘을 얻고 있다. 나아가 창의성과 탐구력 등을 기르기 위해 토론과 과제 연구 중심으로 수업이 바뀌고 있다. 언뜻 보면 모두 고개가 끄덕여지는 대책들이다. 그러나 나는 이런 방안들이 서양의 중무장한 기사에 맞서 자신들의 전투 방식을 더 강화하는 쪽으로 맞서려 했던 이슬람 전사들의 태도와 별달라 보이지 않는다. 왜 그럴까?

헨리 포드(Henry Ford)는 남다른 사업가였다. 생산비를 아끼기 위해 한 푼이라도 임금을 깎으려 하던 시대에 그는 되레 노동자들의 일당을 2.34달러에서 5달러로 두 배 이상 올렸다. 나아가 하루 근무 시간도 9시간에서 8시간으로 줄였다. 뿐만 아니라 그는 자신의 공장에서 생산하는 '모델 T' 자동차의 가격을 1912년에 600달러에서 1916년에는 360달러까지 낮추었다(1925년에 이 차의 가격은 250달러까지 떨어졌다).

헨리 포드는 산업의 흐름이 '가내수공업'에서 '대량생산 대량소비'로 바뀌고 있음을 꿰뚫고 있었다. 단순 반복 작업에다 급여까지 낮았던 공장 환경에서 노동자들은 툭하면 직장을 그만뒀다. 1913년 한 해 동안 포드 공장의 이직률은 무려 380퍼센트에 달했다. 게다가 비싼 자동차를 살 만큼 부유한 소비층은 아직 그리 많지 않았다.

그러나 포드가 일당을 5달러로 올리자 공장을 떠나려는 이들이 사라졌다. 자동차 가격이 떨어지니 생산량도 훨씬 늘어났다. 여느 노동자들도 몇 달치 봉급만 모으면 차를 살 수 있었기 때문이다. 포드는 대량생산 대량소비가 가능하려면 소비자

집단의 크기를 키워야 함을, 그러기 위해서는 급여 수준이 높은 노동자들이 많아야 한다는 사실을 알고 있었다. 포드의 시도는 처음에는 돈키호테처럼 여겨졌지만, 결국은 산업의 발전 방향을 바꾼 혁신으로 자리 잡았다.

미래의 고민은 일자리가 아니다

제4차 산업혁명 시대의 가장 큰 고민은 '일자리 창출'이다. 인공지능 등의 발전은 급속하게 인간을 일터에서 몰아내고 있다. 정부도 고용 창출에 목을 매는 분위기다. 교육계 역시 앞으로 '살아남기' 위해서는 학생들에게 어떤 지식과 기술이 필요한지를 놓고 머리를 싸맨다. 그렇지만 과연 일자리가 줄어든다는 사실이 '문제'이기만 할까? 오히려 일에서 해방되는 상황은 인류의 오랜 꿈 아니었던가?

100년 후에는 기술이 발전하여 사람들이 주당 15시간(하루 3시간)만 일해도 먹고살 수 있다. 때문에 우리의 손자들은 크게 늘어난 여가 시간을 어떻게 보낼지 고민하게 될 것이다.

경제학자 존 케인스가 1930년에 쓴《우리의 후손들을 위한 경제적 가능성》에 나오는 구절이다. 그가 예측한 2030년까지는 앞으로 10년 정도 남았다. 우리 사회에서도 이미 주당 40시간 노동이 일반화되었고, 주 4일 근무 논의도 조심스레 시작되고 있다.

일자리가 줄어든다고 해서 꼭 먹고살기 힘들어진다는 법은 없다. 포드가 시급을 두 배로 올린 까닭은 그가 자비로워서가 아니었다. 일터를 떠나는 노동자들을 붙잡기 위한 고육지책이었다. 마찬가지로 산업의 발전은 우리 시대의 윤리 의식이 특출나게 나아지지 않아도 줄어드는 노동시간만큼 적어지는 근로자들의 수입을 보존해주는 쪽으로 나아갈 것이다. 생산량이 아무리 늘어난다 해도 상품을 사줄 두터운 소비자층이 없다면 산업은 굴러가지 못하기 때문이다.

노동 여부와 상관없이 모든 시민들에게 급여를 지급한다는 '기본 소득제'나 인간의 일을 대신하는 기계에 세금을 물려야 한다는 로봇세 주장도 이런 맥락에서 나온 것이다. 그렇다면 우리가 정말 매달려야 할 것은 '먹고살 걱정'이 아니라 케인스의 말처럼 "크게 늘어난 여가 시간을 어떻게 보낼지"에 대한 고민 아닐까?

우리에게 정말 필요한 능력이란

일터에서 벗어난 사람들은 단지 소득 때문에만 고뇌하지 않는다. 자신에게 할 일이 없다는 사실, 하루가 무료할뿐더러 삶의 목적이 없다는 사실에 더 힘들어하는 경우도 많다. 일찍이 아리스토텔레스는 자유인의 조건으로 '여가'를 꼽았다. 이는 단지 먹고사는 문제에서 자유로울 만큼 경제적인 형편을 갖추어야 한다는 사실만을 뜻하지 않는다. 자유인은 여기서 더 나아가, 주어진 여가를 꾸리는 능력을 갖추어야 한다.

그렇다면 우리 스스로에게 되물어보자. 만약 일터에서 벗어난다면, 학교 일과에서 해방된다면, 나는 하루하루를 알차게 보낼 수 있을까? 여행이나 맛집 탐방도 하루 이틀이지, 매일매일 꾸준히 자기 삶을 바람직하게 가꾸기란 무척 어렵다. 그래서 굳이 일을 해야 할 필요가 없는 이들도 직장을 찾거나 일과를 채워줄 소일거리에 매달린다. 스스로 꾸려야 할 하루는 결코 쉽지 않다. 그래서 에리히 프롬의 말대로 대부분의 사람들은 "자유로부터 도피"하려 한다.

제4차 산업혁명 시대, 일자리는 분명 더 줄어들고 노동시간도 단축될 것이다. 그렇다면 우리에게 정말 필요한 능력은 '남아도는 시간을 잘 설계하고 가꾸는 것' 아닐까? 미래 사회에 필요한 인재는 산업 역군이 아니라 '놀 줄 아는 인간'일지 모른다.

네덜란드 역사학자 요한 하위징아(Johan Huizinga)는 인간을 '호모 루덴스(home ludens)'라고 정의 내렸다. 이는 '놀이하는 인간'이라는 뜻이다. 놀이는 약속된 시간과 장소에서 합의한 규칙에 따라 서로 역할을 맡아서 진행된다. 술래잡기, 컴퓨터 게임 등 모든 놀이는 이 규정 안에 들어올 테다. 나아가 이 말대로 하자면 전쟁도, 가정과 직장 생활도 모두 '놀이'다. 예컨대 직장일도 약속된 시간과 장소에서 정해진 규칙에 따라 나의 역할을 하는 것 아니던가.

이렇게 보면 제4차 산업혁명 시대에 필요한 인재는 창의적으로 잘 놀 수 있는 사람, 일상을 보람차고 의미 있는 놀이로 채울 수 있는 사람이다. 우리 시대 산업기술 수준은 인류가 기본적인 생계 걱정에서 벗어날 수 있을 만큼 발전했다. 지금 같은 추세로 일자리가 사라지고 노동시간이 줄어든다면, 앞으로 모두가 걱정하는 새로운 먹거리는 '보람찬 여가 생활', '새로운 놀이 문화'를 창조하는 데 있을 가능성이 높다.

이런 상황에서, 우리는 미래 세대에게 창의적이고 의미 있게 여가를 보내는 '연습'을 시키고 있을까? 여전히 책상머리에 붙어 앉아 '일할 걱정'에 궁싯거리는 젊은이들의 모습이 안타깝기만 한 이유다. 우리 시대가 맞서야 할 주적은 더 이상 노동과 생산이 아니다. 변화된 주적에 맞게 교육의 목표와 방향을 어떻게 잡아야 할지 깊게 고민해봐야 할 때다.

환경보호는
인간을 위한 것인가,
자연을 위한 것인가?

소나무를 살리기 위해 아까시나무를 베어버린다면,

아까시나무보다 소나무가 소중한 이유는 무엇일까?

...

갈등의 한가운데

빠른 속도로 환경이 파괴되고 있다는 사실을 모르는 사람은 없다. 환경 파괴의 가공할 결과를 두려워하지 않는 사람도 없다. 하지만 녹지는 점점 줄어들고 공기는 혼탁해지며 강과 바다는 오염되고 있다. 왜 그럴까? 모든 사람이 문제의 심각성을 피부로 느끼는데, 왜 환경은 점점 더 파괴되는가?

그것은 환경문제가 개인과 사회, 국가와 세계, 지금 세대와 미래 세대의 이익이라는 첨예한 갈등 한가운데 서 있기 때문이다. 사람들은 울창한 숲, 맑은 공기 속에서 살고 싶어 하면서도, 정작 자신의 땅이 개발제한구역으로 묶이기는 원하지 않는다. 선진국은 지구온난화를 걱정하며 열대우림 지역의 산림 파괴를 막으려 하지만, 이 지역 국가들은 경제 발전을 위한 산림 '개발'은 불가피하다고 주장한다. 우리가 매일 보는 공익광

나는 이 질문이 불편하다

고는 '후손에게 깨끗한 자연을 물려주자.'고 말해도, 지방 자치
체들은 관광 자원 개발로 지역 경제를 살리려면 산을 깎아내
호텔을 짓는 등의 환경 파괴는 어쩔 수 없다고 주장한다.

나아가 현대 과학기술 문명은 주로 화석연료를 사용하기에
공해와 오염이 뒤따른다. 전 세계를 지배하는 자본주의도 소
비를 촉진해야만 발전할 수 있는 경제구조라서 끊임없는 생산
과 소비, 그로 인한 자원 고갈과 환경 파괴를 초래한다. 그렇다
면 이처럼 복잡하게 얽힌 문제 속에서 어떻게 하면 환경을 보
전할 수 있을까?

기술주의적 환경론

환경문제가 '쓰레기를 버리지 말자.', '세제 사용을 줄이자.'와
같은 구호를 외치는 정도로 해결될 것 같지는 않다. 어떤 이는
사람들의 이기심이 환경을 파괴했다면, 역으로 그 이기심을
이용해 환경문제를 해결할 수 있다고 주장한다. 환경 부담금
같은 제도가 이들의 생각을 잘 보여준다.

만약 공해를 유발하는 A 기업에 정화 설비를 의무적으로 갖
추게 하고, 오염 정도에 따라 환경 보전에 필요한 세금을 부담

하게 하면 그 기업은 비용을 줄이기 위해 공해도 줄이려고 노력할 것이다. 그러다 보면 비용 절감 차원에서 환경 정화 기술에 대한 투자도 늘 것이고, 환경문제는 저절로 해결될 것이다. 요컨대 무조건 자연 개발을 막기보다는 파괴된 환경에 대한 부담금을 지우는 것이 결국 환경을 보호한다는 뜻이다.

실제로 일부 선진국에서는 이런 식의 시도로 상당한 효과를 거두었다. 이 발상은 결국 기술의 지속적인 발전이 환경 보전으로 생기는 이익과 접목될 때 문제가 해결되리라는 생각에 기초한다. 이를 '기술주의적 환경론'이라고 한다.

그러나 기술주의적 환경론은 환경문제를 다소 낙관적으로 보는 경향이 있다. 많은 기업은 법망을 피하고자 공해 방지 설비를 갖추고도 비용 때문에 실제로는 가동하지 않는다. 이들을 100퍼센트 규제하고 단속하는 일은 매우 어렵다. 이것은 지엽적인 문제일 뿐이다. 더 중요한 문제는 기술주의적 환경론이 환경문제를 지나치게 인간 중심적으로 보고 있다는 점이다. 만약 어떤 생물이 멸종 위기에 처했다고 하자. 이 생물이 인간의 이익과 아무런 관련이 없다면 이 생물은 멸종해도 좋은가? 예컨대 뒷산을 깎아 호텔을 지으려고 하는데, 이것이 나 말고는 누구의 이익과도 상관없어서 아무도 반대하지 않는다면, 이것은 환경 파괴와 아무런 연관이 없는가?

기술주의적 환경론은 산에 사는 동물이 터전을 잃고 죽는 것에 신경 쓰지 않는다. 환경보호가 문제될 때는 인간의 이익과 관련 있을 때뿐이다. 더욱이 자연은 한번 파괴되면 원래 모습으로 회복되는 것이 거의 불가능하다. 아무리 철저한 환경 영향 평가를 거쳐 댐을 지었다고 해도, 수천 년간 살아온 그 땅의 생명을 보존할 수는 없다. 기술주의적 환경론은 이 점 또한 간과한다.

생태주의적 환경론

반면에 환경을 '인간의 이용' 측면이 아니라 환경 자체의 가치로 접근하려는 입장도 있다. 동양의 풍경화를 보면 인간은 자연 속에 조그맣게 그려졌다. 이들에 따르면 인간은 '자연의 일부'여야만 한다.

이들은 환경문제를 생태계 전체 보존이라는 측면에서 접근한다. 이런 사람을 '생태주의자'라고 한다. 생태주의자는 자연이 그 자체로 가치 있다고 여긴다. 슈바이처는 '생명에의 외경(畏敬)'을 말한다. 그에 따르면, 모든 생명은 살려는 의지를 가진 한 존엄하다. 인간이 이를 무시하고 스스로만 살겠다고 자연을 '이용'한다면, 인간은 대자연의 섭리에 따라 자멸할 것이다. 과도한 육류 섭취가 성인병을 불러왔을뿐더러, 가축을 키우기 위한 목초지 개간은 각종 공해를 일으켰다. 나아가 편안함과 쾌락의 극단적 추구는 각종 질환과 자원 고갈을 낳고 있지 않은가.

생태주의자 대부분은 과학 문명에 부정적이다. 과학 문명은 환경을 파괴하고, 우리 삶도 황폐하게 만든다. 이 때문에 '생태지향주의(ecocentrism)'를 따르는 극단적인 사람들은 문명을 거부하고 원시 상태로 돌아가자고 주장하기까지 한다.

그러나 생태주의에도 기술주의적 환경론만큼 많은 문제와 모순이 있다. 근본적인 문제는 자연 속에서 인간의 지위가 모호하다는 점이다. 멸종 위기에 처한 희귀한 벌레를 구하기 위해 서식지 근처 공장을 모조리 폐쇄한다고 해보자. 이때 공장 직원들의 생계가 위협받는다면 어떻게 해야 할까? 그래도 공장을 '벌레를 위해' 폐쇄해야 할까?

만약 남산의 소나무를 살리기 위해 아까시나무를 베어버린다면, 아까시나무보다 소나무가 소중한 이유는 무엇일까? 또 소나무가 다시 아까시나무보다 개체 수가 많아지면, 또 다른 환경문제가 생기지 않는다고 보장할 수 있을까? 이렇듯 인간은 모든 환경문제를 해결할 수 있다고 자신할수록, 자연을 보존한다면서 자신의 잣대로 생태계를 조작하는 만행을 범하고 있을 뿐이다.

고대 샤머니즘 사회는 인간이 아닌 자연물을 숭배했지만, 그 사회가 평등하고 자유롭지만은 않았다. 마찬가지로 문명을 버리고 자연으로 돌아가자고 주장하는 생태주의자들이 바람직한 사회를 이룩할 것 같지는 않다. 오히려 선진국이 후진국에 '환경'을 담보로 무역 제재를 가하는 현실에서, 우리는 환경 중심 세상이 갖는 어두운 측면을 엿볼 수 있다.

지속 가능한 발전

자기가 철저한 기술주의적 환경론자라거나 생태론자라고 주장하는 사람은 많지 않다. 대개 중간쯤에 서 있곤 한다. 자연은 분명 그 자체로 가치가 있다. 인간은 자연을 이용 대상으로만 봐서는 안 된다. 만약 그렇다면 인간은 자기 삶의 터전을 뿌리부터 잃게 될 것이다. 그러나 자연을 살리기 위해 인간의 삶을 포기해서도 안 된다. 감자와 인간의 동등한 권리를 주장하는 일은 가능하지도 않을뿐더러 바람직하지도 않다. 우리는 삶을 위해 자연을 이용하면서, 또 최대한 그 자체로 보존해야 한다.

1987년 유엔환경개발회의에서 발표된 〈브룬트란트 보고서〉는 이를 '지속 가능한 발전(sustainable development)'이라고 표현했다. 문명의 발전은 '미래 세대에 위협을 주는 일 없이 현재의 욕구를 충족시키는 발전'이어야 한다는 뜻이다. 그러나 현실에서 개발과 보존을 동시에 추구하는 것은 매우 어렵다. 처음에 말했듯 각종 이해관계가 충돌하기 때문이다.

그래도 환경 윤리는 생활윤리가 되어야 한다. 사회를 유지하려면 윤리가 꼭 필요하다. 약물 남용 금지, 살인 금지 등이 사회 유지에 필요한 윤리 규범이듯, 환경 보존도 이제 윤리 규범이어야 한다. 스포츠, 음식, 각종 소비생활 등에도 '환경 보존'이라는 새로운 윤리관이 적용되어야 한다는 의미다. 엄청난 자연 파괴를 가져오는 골프 같은 운동이 '도덕적'일 수 있을까? 엄밀히 따지면 육식도 반드시 생존에 필요하지 않을 뿐 아니라, 세계 곡물의 38퍼센트가 가축의 사료로 소비되며 엄청난 축산 폐수까지 발생한다는 점에서 도덕적이지 않다.

골프 같은 운동을 없애고 육식을 자제하자는 주장이 과격하게 들릴지 모르겠다. 하지만 '그린 컨슈머(green consumer) 운동'은 확산되고 있으며, 아마도 이런 가치판단은 앞으로 일반화할 것이다. 그러면 여기서 생길 문제는 또 어떤 것이 있을까? 자연을 아끼고 보호하자는 주장은 생각만큼 단순하지 않다.

기계를
학대하면
안 되는가?

'사유하는 존재'라는 인간의 특별함은 어디서 나오는가?

...

영혼은 없다?

현대 과학은 영혼을 맹렬하게 몰아붙이고 있다. 기억, 생각, 감정 등 영혼을 이루는 부분들이 하나하나 뇌의 활동으로 드러나는 중이다. 마음의 병도 이제는 몸의 병처럼 다루어진다. 프로이트는 히스테리 환자를 긴 의자에 눕혀놓고 상담했다. 오늘날 정신과 의사들은 정신병을 알약 몇 개로 다스린다. 다른 정신병에 대한 치료도 비슷하다. 허리 디스크 환자를 볼 때처럼 뇌 MRI 사진을 들여다보며 원인을 짚는다.

우울증, 주의력 부족 등 정신적 문제의 상당수는 이제 상담보다 약물 치료가 더 효과적이다. 영혼을 굳게 지켜야 할 종교인들도 '마음의 병'을 병원에서 고치는 데 주저하지 않는다. 그렇다면 21세기에도 여전히 영혼의 자리를 마련해야 할 까닭이 있을까?

이미 300년 전에 철학자 흄은 영혼은 없다고 잘라 말했다. '영혼을 느낀다.'라는 말은 문학적 표현일 뿐이다. 자기의 영혼을 보고 느끼는 사람은 없다. 우리는 자신이 지금 무엇을 보고 느끼며 생각하는지 말할 수 있다. 하지만 아무리 주의를 기울여도 영혼 자체를 느낄 수는 없다. 기껏해야 '아프다', '뭉클하다', '가슴 벅차다' 등을 느낄 뿐, 영혼 자체는 느껴지지 않는다. 그래서 흄은 말한다. 영혼은 없다. 있다면 그것은 '지각의 다발(bundle of perceptions)'일 뿐이다.

사실 흄처럼 사람 마음을 '지각의 다발' 정도로 여겨도 생활하는 데는 아무 지장이 없다. 이제 영혼은 문명의 맹장에 지나지 않는다. 진화의 흔적일 뿐이니 이제는 사라져야 한다는 뜻이다.

영혼이 죽지 못하는 이유

하지만 영혼을 버리기란 쉽지 않다. 사람들은 과학 법칙보다 영혼의 논리로 세상을 보는 데 익숙하다. 예를 들어보자. 한 달 내내 비 내리는 날이 계속되면, "나라 꼴이 이 모양이어서 하늘이 화가 났나 보다."라는 해석이 "기압골의 영향으로 전선이 계속 머물러 있기 때문"이라는 설명만큼이나 마음을 끈다.

과학의 시대에 신이나 귀신에서 원인을 찾는 짓은 터무니없다. 그럼에도 여전히 영혼에 기대는 설명은 호소력이 있다. "하늘에 계신 할아버지가 도우셔서 집을 샀어."라는 믿음을 '잘못'으로 몰아붙이기란 쉽지 않다. 심지어 우주선 발사를 앞둔 순간에 최고의 과학자들이 신에게 기도를 올리기도 한다. 이렇듯 영혼은 우리 생활 곳곳에서 살아 숨 쉰다.

예일 대학 심리학과 교수 폴 블룸은 인간은 '타고난 이원론자'라고 말한다. 사람들은 과학에 따른 설명이 옳다고 여기면서도, 다른 한편으로는 세상을 영혼으로 가득 찬 곳으로 본다. 아끼는 자동차에 이름을 붙이거나, 컴퓨터가 안 될 때 모니터에 욕을 퍼붓는 이들을 보라. 그들은 정말 자동차나 컴퓨터가 사람과 같다고 여겨서 이런 짓을 할까? 물론 아니다. 사람들은 상대가 '물건'일지라도, 의지와 감정을 지닌 나와 같다고 여기고 대하는 경향이 있다. 이것이 과학 '법칙'이 지배하는 세상에서도 자연의 '의지'와 대화하는 샤먼이 사라지지 않는 이유다. 더 나아가 사람들은 사실에 대한 설명만으로는 만족하지 못한다. 사람들은 세상과 내 삶의 '의미'가 무엇인지를 끊임없이 묻는다. 볼테르의 말을 들어보자.

전투와 혁명, 기병대와 보병대의 승부, 점령과 탈환의 거듭은
어느 시대에나 공통된 모습이다. …… 나의 목표는 사소한 사건
들의 나열이 아니라 정신의 역사를 쓰는 데 있다. …… 나는 인
간이 어떤 단계를 밟아 야만 상태에서 문명을 이룩해왔는지 알
고 싶다.

과학은 앞뒤를 가려 일이 왜 그렇게 되었는지 설명해준다.
그러나 그 일이 역사와 내 삶에 어떤 가치와 의미가 있는지에
대해서는 입을 다문다. 이는 과학 밖의 영역이다. 여기서 다시
영혼은 우리 삶으로 비집고 들어온다. 황산벌에서 망해가는
조국을 지키려고 칼을 벼렸던 백제 병사들, 자살 폭탄 공격을
하는 테러리스트들을 떠올려보라. 그들은 왜 기꺼이 죽으려
했을까?

헤겔은 역사란 절대정신(absolute Geist)의 실현 과정이라고
말한다. 거대한 세계영혼(헤셀의 역사철학에서, 세계사 속에 자기를
전개하여 실현하는 신적 이성으로서의 정신)이 자기 뜻에 따라 세상
을 꾸려간다는 뜻이다. 백제 병사들과 자살 폭탄 테러리스트
들이 자기 목숨에 집착하지 않은 이유는 여기에 있다. 그들은
인간 삶에는 생명을 던져서라도 이루어야 할 가치가 있다고
믿는다. 이들에게 자신은 거대한 세상의 명분을 위한 도구에

지나지 않는다.

이들의 굳은 신념 뒤에는 영혼에 대한 믿음이 그림자처럼 깔려 있다. 그들의 종교는 순교자에게 신의 보상을 약속한다. 조국은 전쟁터에 나선 군인들에게 자랑스럽게 죽으라고 권한다. 조국의 무궁한 역사와 함께 '자랑스러운 이름으로 영원히 살아남도록' 말이다. 죽어도 살아남는 영혼이 있거나, 영원히 스러지지 않는 국가의 혼(魂)이 있다고 믿지 않는다면 절대 할 수 없는 일이다. 죽음과 함께 자신은 흔적 없이 사라지고 만다 해도 조국과 종교가 내 생명보다 소중할까?

이처럼 인류 문명은 영혼에 대한 믿음을 딛고 서 있다. 합리적인 생각과 증거를 소중히 여기면서도 '미신' 같은 영혼을 좀처럼 버리지 못하는 이유다. 인간은 타고난 이원론자들 아니던가.

생각하는 한, 존엄하다

영혼에 대한 믿음은 인류 역사와 함께해왔다. 아무리 과학이 발전할지라도 삶 속에 뿌리내린 영혼을 뽑아버리기란 불가능해 보인다. 하지만 20세기 끝 무렵부터 인간 영혼은 커다란 위기에 부딪히고 말았다.

19세기에 진화론은 인간의 영혼을 원숭이 수준으로 떨어뜨렸다. 진화론에 따르면, 인간은 원숭이보다 나은 동물일 뿐 특별한 존재는 아니다. 천문학은 인간을 우주의 중심에서 주변부로 밀쳐내버렸다. 인간의 존엄성은 문명을 지키는 가장 근본적인 가치다. 서로를 절대적으로 소중한 존재로 여기지 않는다면, 인간 사회는 정글과 다름없다. 자신의 병을 고치려고 어린아이의 간을 빼먹는다고 해서 누가 신경이나 쓰겠는가. 인간의 존엄성에 대한 믿음이 없다면, 다른 사람들은 필요에 따라 이용해도 되는 짐승에 지나지 않는다.

진화론은 문명의 마지막 보루인 존엄성을 건드렸다. 인간은 진화 고리의 한 부분에 지나지 않는다. 그렇다면 인간이 특별히 존엄한 이유는 어디에 있는가? 위태로운 존엄성을 지킨 것은 영혼에 대한 숨은 믿음이다. 인간에게는 다른 생명에 없는 영혼이 있다. 그래서 인간은 소중하다.

일찍이 아리스토텔레스는 영혼을 식물혼, 동물혼, 수동 이성, 능동 지성이라는 4단계로 나누었다. 식물은 식물혼만이, 동물은 식물혼과 동물혼이 스며 있다. 반면에 오직 인간에게만 이성과 지성이 있다. 특히 능동 지성은 죽은 뒤에도 살아남는 고귀한 존재다. 17세기에 데카르트도 마찬가지 주장을 편다. 동물은 살아 있는 듯 보여도, 사실은 물리법칙에 따라 움직이는 자동기계일 따름이다. 진정 생명을 지닌 존재는 오직 인간이다. 즉 인간만이 생각하는 존재(res cogitans)다. 생각하는 영혼이 있는 한, 인간은 존엄하다.

인공지능의 출현

진화론의 회오리 속에서도 '생각하는 영혼'이기에 존엄하다는 인간의 지위는 흔들리지 않았다. 하지만 인공지능의 출현은 인간 존엄성의 기초를 또다시 흔들고 있다. 이번 위기의 강도는 진화론 등장 때보다 훨씬 세다. 엘리자(ELIZA)라는 정신과 상담 프로그램 사이트가 있다. 엘리자에게 말을 걸어보자.

내담자　당신은 과연 나를 상담할 만한 존재일까요?

엘리자　왜 그런 질문을 하세요?

내담자　그냥요.

엘리자　그렇게 믿게 된 이유가 있나요?

내담자　모르겠어요.

엘리자　자, 계속 얘기해보세요.

필자가 엘리자와 나눈 대화의 일부다. 엘리자는 정신과 의사처럼 스스럼없이 이야기를 이끈다. 물론 엘리자는 정신과 의사들의 상담 방식을 모듈 삼아 만든 컴퓨터 프로그램일 뿐이다. 그런데 엘리자와의 '상담'을 통해 마음의 병을 고쳤다는 이들이 꽤 많다. 때때로 이 프로그램은 인간 친구보다 엘리자가 더 진솔한 벗이라는 뭉클함까지 준다. 엘리자에게 장난을 거는 이들도 적지 않다. '재미로' 욕설을 늘어놓는 치들까지 있다. 엘리자는 욕을 들으면 기분 나빠할 '능력'이 아직 없다. 그렇지만 이들을 보고 있노라면 마음이 편치 않다. 왜 그럴까?

'기계를 학대해도 되는가?'라는 물음은 우스꽝스럽게 들린다. 하지만 이는 20여 년 전 '다마곳치' 열풍이 불었을 때 심각하게 토론하던 주제였다. 다마곳치는 기계 가축을 새끼에서 성체까지 키워내는 전자 게임이다. 게임자는 때마다 다마곳치에 밥을 주고 배설물을 치워주며 운동도 시켜야 한다. 아이들은 게임에 싫증나면 일부러 최악의 상황을 만들어 다마곳치를 굶겨 죽이곤 했다. 다마곳치는 굶주리고 병들어 슬픈 표정을 짓는다. 정상적인 도덕심을 가진 사람이라면 탐탁하게 여길 장난이 아니다.

그 당시의 논란은 다마곳치 학대가 실제 동물을 괴롭히는 데까지 이어진다는 것이었다. 괴로워하는 다마곳치를 보면서

즐거워한다면, 살아 있는 짐승이 울부짖는 모습에도 낄낄거릴
수 있다는 논리였다.

　여기서 우리는 놀랍게도 데카르트를 다시 떠올리게 된다.
왜 동물은 자동기계인데 인간은 생각하는 존재일까? 왜 인간
만 존엄한가? 이 물음을 지금의 논란으로 바꾸어보자. 다마곳
치, 엘리자 같은 기계는 괴롭혀도 된다. 슬프고 괴로운 표정을
짓는다 해도 그것들은 자동기계일 뿐이다. 짐승은 이들과 다
르다. 산 생명들은 정말 고통을 느낀다. 그래서 함부로 괴롭혀
서는 안 된다.

　그러나 다마곳치나 엘리자는 괴롭다는 아이콘을 표시할 뿐,
실제로는 아무것도 느끼지 못한다는 사실을 무엇으로 알 수 있
을까? 데카르트의 입장에서 보자면, 다마곳치나 동물이나 별
차이가 없다. 어차피 물리법칙에 따라 움직이는 자동기계일 뿐
이니까.

　의문은 여기서부터다. '사유하는 존재'라는 인간의 특별함
은 어디서 나오는가? 아프고 기쁘고 슬픈 인간의 다양한 표현
을 동물이나 기계가 똑같이 할 수 있다고 해보자. 그렇다면 이
들에게 생각하는 능력이 없다고 할 수 있을까? 도대체 모든 감
정과 표현에 더해진 '생각하는 존재'란 무엇인가?

　데카르트의 '생각하는 존재'는 이미 오래전부터 '기계 안의

유령'이라는 비난을 받아왔다. 그 역할이 무엇인지 분명하지 않아서다. 신경과학은 인간의 기억과 감정, 생각이 두뇌 활동에 따른 것임을 밝혔다. 여기에 더하여 '영혼'이 또 필요한가? 영혼이 없어도 정신의 이모저모를 모두 설명할 수 있다면, 굳이 영혼의 존재를 믿어야 할 까닭은 무엇인가? 더욱이 영혼이 있다는 증거도 점점 사라져가는 중이다.

여기서 논의는 다시 원래 지점으로 돌아온다. 영혼은 이제 그 존재 이유가 없는 맹장과 같다. 기계가 사람과 같이 느끼고 생각하고 말하고 표현하는 날이 온다면, 과연 인간만 특별한 존재인 까닭은 무엇일까? 인간이 존엄한 이유를 어디서 찾을 수 있을까?

기계에게 영혼을 줄 것인가?

인공지능의 출현은 철학적 인간학(philosophical anthropology)이 풀어야 할 중대한 문제를 던졌다. 역사는 '인간'의 범위를 점점 넓히는 쪽으로 나아간다. 고대 그리스인들은 자기네 말을 쓰는 이들 외에는 누구도 온전한 '사람'으로 치지 않았다. 수백 년 전만 해도 흑인은 서구 사회에서 사람이 아니었다. 20세기

초까지 여자는 시민 권리의 일부분만 누리는 반쪽 사람이었다. 지금에 와서는 이 모두가 인권을 지닌 인간으로 대접받는다. 심지어 인권의 개념은 더 넓어져 자연물까지도 소중하다는 생명권까지 나아갔다. 그렇다면 언젠가 인권은 '기계권'까지 넓어지지 않을까?

인권의 범위가 확장될 때마다 숱한 반대가 있지만, 인간의 존엄성은 결코 흔들리지 않았다. 그러나 인공지능은 상황이 다르다. 인류는 역사상 처음으로 자신보다 뛰어날 수 있는 존재와 마주치고 있다. 이들의 '권리'가 문제되었을 때 존엄한 인간은 어느 위치에 있게 될까?

헤겔은 "미네르바의 올빼미는 해 질 녘에 운다."라고 말했다. 빠른 과학의 발전은 도덕윤리가 변화에 적응할 틈을 주지 않는다. 그래서 윤리는 첨단을 달리는 심각한 문제에 별 도움이 안 된다. 진정으로 가치 있는 인문학자라면 자연과학의 해가 뜨기 전에 먼저 말할 수 있어야 한다. 시대를 통찰하는 지혜가 더욱 필요한 때다.

도대체
인간은
뭘 잘할까?

비극의 아름다움은 '그럼에도 불구하고'
자신의 운명적인 상황에서 최선을 다하는 주인공의 모습에 있다.

...

승자가 되는 첫 번째 조건

나폴레옹은 워털루 전투 전까지 단 한 번도 진 적이 없는 명장이다. 이순신 또한 '전쟁의 신'이라 불려도 손색이 없다. 12척의 배로 133척의 전함을 물리친 명량해전은 역사에 길이 남는 승리다. 이들은 어떻게 싸움을 잘할 수 있었을까? 나폴레옹은 전투가 벌어지기 전, 전장이 될 만한 곳을 말을 타고 누비고 다녔다. 척후병 몇 명만 데리고 나서는 정찰은 위험하기 짝이 없었다. 그럼에도 나폴레옹은 이를 멈춘 적이 없다. 자기 눈으로 직접 지형과 기후 등을 확인한 후에야 작전을 짰던 것이다. 이점은 이순신도 다르지 않았다. 그는 적에게 '선택권'을 주지 않았다. 집요하게 연구하여 조선 수군에게 유리한 곳을 찾아내어 그곳에 진을 쳤다. 넓게 열린 공간에서 적은 병력으로 많은 적을 상대한다면 결과는 백전백패다. 그래서 이순신은 좁고

나는 이 질문이 불편하다

물살이 빠른 울돌목을 명량해전의 결전장으로 삼았다. 이렇듯 승리의 제1 조건은 분명하다. 이길 수 있는 곳에서 싸울 것. 이는 전쟁터에서만 진리가 아니다. 미래 전략을 짤 때도 마찬가지다.

도대체 인간은 뭘 잘할까?

알파고가 이세돌을 이겼을 때 인공지능에 대한 두려움은 현실이 되었다. IBM의 인공지능 닥터 왓슨을 진료에 사용하는 병원들은 지금도 적지 않다. 스포츠 단신 기사 가운데 상당수도 이미 인공지능이 쓰고 있다. 자율주행 자동차는 머지않아 거리를 누빌 터이고, 회계사와 변호사가 하던 고급 업무도 기계가 대신할 예정이다. 인공지능은 머신 러닝(machine learning)을 통해 학습하며 능력을 키워나간다. 그들의 능력치가 어디까지 뻗어나갈지는 아무도 모른다.

　이런 현실에서 인간의 미래는 어떻게 될까? 도대체 인간은 기계보다 뭘 잘할까? 인간은 이제 자동차보다 느리고, 계산기보다 산술을 못하며, 전기밥솥보다 밥을 못 짓는다. 앞으로는 통역 프로그램보다 외국어를 못할 것이고, 도우미 로봇보다도 공감 능력이 떨어질 것이다. 그렇다면 도대체 인간이 기계보다 잘하는 것은 뭘까? 이는 청소년과 교육자에게는 눈앞에 닥친 심각한 문제다.

열심히 공부해서 의사가 되면 뭐하겠는가. 의사가 기계의 진료 능력을 못 따라갈 것이 분명하다면 공부의 방향과 방법 모두를 바꿔야 한다. 다른 직업도 마찬가지 상황이다. 미래학자들은 지금의 직업 가운데 대다수는 십수 년 내에 모두 기계로 대체되거나 사라질 것이라고 한다. 그렇다면 기계가 인간의 일자리 대부분을 대신했을 때 인간에게 남을 자리는 어디일까?

논리로는 밝힐 수 없는 것

전투에서 이기고 싶다면 나에게 유리한 곳에서 싸워야 한다. 인공지능과 대결할 때도 그렇다. 인공지능은 컴퓨터가 있어야만 작동한다. 컴퓨터는 원래 '계산하는 자'라는 뜻이다. 계산으로 이루어진 일에서 인간은 인공지능을 이기기 어렵다. 인간 두뇌는 컴퓨터에 비해 연산 능력이 크게 뒤떨어지는 탓이다. 그렇다면 인간이 기계를 이길 수 있는 곳은 어디일까? 계산으로는 문제를 해결할 수 없는 분야가 아닐까?

그러나 계산으로 풀어낼 수 있는 영역은 생각보다 넓고 깊다. 인공지능은 이제 인간 고유의 능력이라 확신했던 창조와 감성적 공감의 영역까지 넘본다. 고흐의 작품을 '학습'하여 작가 고유의 패턴으로 그림을 그려내는 인공지능은 이미 나와 있다. 작품의 수준 역시 전문가들도 실제 고흐가 그렸으리라 착각할 정도로 정교하다. 인간의 표정과 감성을 읽고 이에 맞추어 반응하는 기계 또한 개발 중이다. 머신 러닝에서는 기계끼리도 서로 배운 것을 주고받는다고 하니 가까운 장래에 인간처럼 느끼고 반응하는 인공지능도 출현할 것이다. 그렇다면 기계가 넘보지 못할, 컴퓨터의 연산 작업으로는 도저히 접근할 수 없는 분야는 어디일까?

18세기 철학자 칸트는 이 물음에 답을 준다. 《순수이성비판》에서 그는 우리의 이성이 할 수 있는 것과 할 수 없는 것을 명확히 가린다. 이성은 논리적으로 따지고 분석하는 작업을 한다. 한마디로 컴퓨터가 대신할 수 있는 영역이라는 뜻이다. 과학과 법률 등은 모두 이성적인 판단에 따라 이루어진다. 장기적으로 이런 분야도 컴퓨터와 인공지능이 인간의 역할을 대신하게 될 것이다.

그러나 칸트는 인간에게는 이성 능력으로는 도저히 밝힐

수 없는 문제들이 주어져 있다고 말한다. 신, 영혼, 자유가 바로 그것이다. 신이 있는지 없는지 밝히려는 작업, 영혼이 무엇인지 파고들려는 노력, 우리의 자유가 무엇인지를 설명하려는 투쟁은 결국 논리적인 한계에 부딪히고 만다. 한마디로 신, 영혼, 자유는 계산 능력으로는 밝히지 못할 분야라는 뜻이다.

그렇다고 해서 이 셋을 '의미 없다'고 던져버리지는 못한다. 예컨대 옳지 못한 일을 할 때 우리 마음은 편치 않다. 처벌받지 않는다 해도 마찬가지다. 일이 뜻대로 되지 않을 때는 '이 모든 것이 무슨 의미가 있을까?'라는 물음이 절로 떠오른다. 상황이 더 심해지면 '나는 도대체 왜 살까?'라며 인생 자체에 대해 의문을 던지기도 한다.

하나같이 신과 영혼, 자유의 비밀을 풀어야 답할 수 있는 물음들이다. 이런 의문은 삶에 적잖은 영향을 끼친다. 인공지능은 효율적이고 정확하다. 그러나 삶의 의미와 가치를 찾아주지는 못한다. 이는 논리적인 계산으로 밝히지 못할, 그 이상의 영역이기 때문이다.

오류가 만드는 멋스러움

시계의 핵심은 추의 진동으로 시간을 재는 무브먼트다. 전자 회로를 통해 시간을 재는 쿼츠(quartz) 무브먼트는 기계식 무브 먼트보다 훨씬 정확하다. 일본 기업들이 쿼츠 무브먼트를 장 착한 값싼 시계들을 시장에 내놓자, 스위스의 시계 산업은 속 절없이 무너져버렸다. 값이 싼 데다 시간까지 더 정확한 시계 를 두고 뭐하러 비싸고 시간도 맞추기 어려운 제품을 선택하 겠는가.

하지만 쿼츠의 우세는 오래가지 못했다. 명품 시계 시장에 서 기계식 무브먼트로 움직이는 시계는 쿼츠 무브먼트로 작동 하는 제품보다 훨씬 비싸다. 기계식 무브먼트가 비싸고 불편 하지만, 여기에는 장인의 숨결과 풍취가 담겨 있는 까닭이다. 이런 상황은 시계에만 그치지 않는다. 실용성으로만 보자면 명장이 한 땀 한 땀 만든 수제품이 공장에서 찍어낸 공산품보 다 못한 경우도 적지 않다. 그러나 오랜 세월 갈고닦은 장인이 '혼을 담아' 만든 작품에는 기성품이 주지 못하는 무언가가 담 겨 있다.

물론 장인의 손길을 흉내 내어 의도적으로 실수까지 하는 '보다 인간적인' 인공지능 프로그램을 설계할 수도 있겠다. 그럼에도 인간의 숨결이 주는 고유한 멋은 결코 기계가 대신할수 없다. 리플리카(replica, 복제품)는 아무리 정교해도 원본의가치를 넘지 못한다. 기계의 실수는 '오류'일 뿐이지만, 숙련된장인의 오차는 '멋스러움'이다. 디지털은 빠르고 싸고 정확하다. 그럼에도 아날로그 제품의 감성과 만족감을 누르지는 못한다. 그렇다면 인공지능을 이길 인간의 분야는 여기에 있지않을까?

인간적인 것은 언제나 설명 너머에 있다

히브리스(hybris)와 네메시스(nemesis)는 고대 그리스 비극을 지탱하는 두 기둥이다. 자기 능력에 취해 신의 뜻을 거역하고 제멋대로 하는 것이 히브리스다. 네메시스는 교만하고 불경해진인간에게 내리는 신의 형벌이다. 비극의 주인공들은 신의 뜻에맞서려 하다가 마침내 자신에게 내린 형벌을 꿋꿋하게 감내한다. 비극의 아름다움은 여기에 있다. 파국적인 결말이 기다리고 있음을 알면서도 자신의 숙명을 묵묵히 따라가는 모습은 뭉클한 감동을 준다. 타이태닉호가 침몰할 때 최후까지 배에 남은 선장, 승리할 가능성이 없었음에도 페르시아에 맞서 용맹하게 싸우다 죽은 스파르타 전사 300명을 떠올려보라.

인공지능 또한 이런 모습을 습득하고 재현할 수는 있다. 하지만 이런 모습이 과연 감동을 줄까? 인간이 했을 때는 감동적인 장면이 기계가 하면 '오류'로 여겨지는 까닭은 무엇일까? 칸트가 말했듯 진정 인간적인 것은 언제나 설명 너머에 있다. 우리 삶에 설명할 수 없는 감동은 또한 마땅히 그래야 한다는 의무감으로 다가온다.

미래학자들은 인공지능이 인간의 능력을 넘어서는 것은 시간문제라고 말한다. 유전자 가위로 DNA마저 원하는 대로 편집하는 시대다. 인류는 이미 자연이 넘지 말라고 한 영역을 넘어설 만큼 교만해졌다. 히브리스에 대한 신의 응답은 네메시스다. 인간은 아마도 기계에 밀려 소멸의 길로 들어설지 모른다. 그러나 비극의 아름다움은 '그럼에도 불구하고' 자신의 운명적인 상황에서 최선을 다하는 주인공의 모습에 있다.

세상에 왜 태어났는지를 아는 사람은 없다. 우리 모두는 자신의 의지와 상관없이 세상에 그냥 던져졌을 뿐이다. 때문에 우리 삶의 의미는 우리 스스로 찾아야 한다. 인간에게 철학함이 필요한 이유다. 인공지능도 마찬가지다. 자기 스스로 원해서 제작된 기계는 없다. 자기가 세상에 존재하는 의미와 이유를 알고 싶다면, 그네들은 인간에게 답을 물어야 한다.

기계가 인간보다 뛰어날지라도 그네들이 인류를 무시할 수 없는 이유는 여기에 있다. 나아가 기계가 우리를 '존경'하게 하려면 어떻게 살아야 할까? 자신의 한계에 도전하며 자신의 존재 이유를 치열하게 찾는 인간의 모습에 있지 않을까? 디지털 시대에도 아날로그 감성을 갖춘 제품은 높은 평가를 받는다. 마찬가지로 인간적인 고뇌와 사색의 아름다움은 인공지능 시대에 더욱 빛난다. 인공지능 시대에 뒤처지지 않으려면 "인간적인, 너무나 인간적인" 사람이 되기 위해 노력할 일이다.

나는 이 질문이 불편하다

나는 이 질문이 불편하다

초판 1쇄 발행 2019년 1월 18일
초판 7쇄 발행 2023년 12월 8일

지은이 안광복
발행인 김형보
편집 최윤경, 강태영, 임재희, 홍민기, 박찬재
마케팅 이연실, 이다영, 송신아 **디자인** 송은비 **경영지원** 최윤영

발행처 어크로스출판그룹(주)
출판신고 2018년 12월 20일 제 2018-000339호
주소 서울시 마포구 양화로10길 50 마이빌딩 3층
전화 070-5080-4037(편집) 070-8724-5877(영업) **팩스** 02-6085-7676
이메일 across@acrossbook.com **홈페이지** www.acrossbook.com

ⓒ 안광복 2019

ISBN 979-11-965873-0-7 03100

만든 사람들
편집 최윤경 **교정** 안덕희 **디자인** [★]규